DELIUS KLASING

Svante Domizlaff

Gustav Knurr geht auf Kurs

Delius Klasing Verlag

Bibliographische Informationen Der Deutschen Bibliothek

Die Deutsche Bibliothek verzeichnet diese Publikation in der
Deutschen Nationalbibliographie; detaillierte bibliographische Daten
sind im Internet über »http://dnb.ddb.de« abrufbar.

1. Auflage
ISBN 3-7688-1425-4
© by Delius, Klasing & Co. KG, Bielefeld

Schutzumschlaggestaltung: Ekkehard Schonart
Illustrationen (einschl. Titelmotiv): Oscar M. Barrientos
Druck: Clausen & Bosse, Leck
Printed in Germany 2003

Delius Klasing Verlag, Siekerwall 21, D-33602 Bielefeld
Tel.: 0521/559-0, Fax: 0521/559-115
e-mail: info@delius-klasing.de
www.delius-klasing.de

Inhalt

Virus Wettfahrt

Aus Gründen der Diskrektion nennen wir ihn fairerweise Knurr. Gustav Knurr. Herr Gustav Knurr ist eine gespaltene Persönlichkeit.

Die Hälfte, die auf den gemütlichen Namen Gustav hört, ist im Verein beliebt. Gustav entzieht sich niemals den Gemeinschaftsaufgaben, die einen Klub erst so richtig zusammenwachsen lassen. Bei Frühjahrsputz hat er als Erster die Hand in der Harke, nach dem Ansegeln führt er die herumliegenden Flaschen der Sekundärrohstoffverwertung zu, er achtet überhaupt penibel auf Mülltrennung und klaubt nach dem Grillabend sorgsam die ausgetretenen Kippen von der Wiese. Kameradschaft steht bei ihm ganz oben. Er lässt, wenn's unbedingt sein muss, auch mal seine Frau ans Ruder. Er brüllt nicht 'rum, wenn sie mal wieder das Anlegemanöver versaubeutelt hat. Er hängt, wenn seine Yacht *Traudel* IV im Päckchen ganz außen liegt, Fender nach beiden Seiten. Und in einem Schapp an Bord stehen kippsicher stets sechs volle Flaschen Hochprozentiges. Gäste, die sich ordentlich an Bord angemeldet haben und ihre Schuhe an Land lassen, sind immer willkommen.

Das ist Gustav.

Die andere Hälfte nennt sich Knurr. Und diese Hälfte ist im Verein nicht so beliebt. In ihr zeigt sich nämlich das Wölfische im Charakter des Yachteigners. Es bricht Gott sei Dank nur einmal im Jahr heraus, wenn die Yacht *Traudel* IV an den Start einer Regatta geht. Doch um das zu verstehen, müssen wir noch etwas weiter ausholen.

Traudel IV, ein Serienschiff vom Typ Rasant 32, ist das Einsteigermodell der Werft Hansa Rasant, kurz HR genannt, die in ihrem Bauprogramm noch die Typen HR 39, HR 42, HR 59 und HR 70 führt. Neuerdings wird auch eine Rasant 107 angeboten. Für dieses Spitzenmodell besteht, wie der Internetseite der Werft zu entnehmen ist, derzeit die größte Nachfrage, was, wie nicht nur Gustav Knurr vermutet, wohl an der großen Zahl der mit goldenem Handschlag freigesetzten New-Economy-Bankrotteure liegen muss.

Gustav Knurr hatte sich nach langem Abwägen und dem Besuch verschiedener Bootsmessen für eine Yacht der HR-Werft entschieden, weil dieser Typ ungewöhnlich viel Platz für ein Boot von 32 Fuß Länge bietet, weil die Zeitschrift YACHT die überreichliche Ausrüstung von Werksseite lobte und die Ausbauqualität deutlich über dem Standard herkömmlicher Serienyachten liegt. Zudem wusste der Gebietsvertreter der HR-Werft, ein Herr Rasch, darauf hinzuweisen, dass Herr Knurr mit dem Erwerb einer Rasant 32 nicht nur am Miles & More-Bonussystem der Lufthansa teilnehmen, sondern auch Mitglied der großen HR-Familie würde, was, seit eine Rasant 107 die Angebotspalette nach oben abrundet, ganz allgemein das Prestige von HR-Besitzern deutlich anhebt. Schließlich erwähnte Herr Rasch die Möglichkeit, einmal im Jahr mit allen HR-Eignern gemeinsam an einer werftseitig organisierten Regattawoche teilzunehmen.

Das hätte Herr Rasch besser nicht erwähnt.

Gustav Knurr bekam seine Rasant 32 vertragsgemäß pünktlich geliefert. Das war im Monat Mai und leider etwas zu spät für die Klubregatta nach Möltenort, mit der der Verein traditionell sein Ansegeln begeht. Immerhin war, inklusive der von der Bordfrau selbst hergestellten marineblauen Sitzbezüge für das Cockpit, zur Sommerreise alles fertig. Auf dem Schlag rüber nach Dänemark ließ es Gustav ruhig angehen. Er wollte sein Schiff erst mal richtig kennen lernen. Als sich die Saison dem Ende näherte, resümierte der Eigner, dass *Traudel IV* all seine Erwartungen, auch bezüglich der Seetüchtigkeit, erfüllte. Nur die Sitzbezüge gaben bei Nässe Farbe auf Herrn Knurrs weiße Hose ab. Sie wurden ausgetauscht, Hose wie Kissen. Zufrieden steuerte Gustav zum Absegeln, Klubregatta nach Möltenort, die Crew durch zwei junge Leute aus der Jugendabteilung aufgestockt. Das war der Tag, als aus Gustav Herr Knurr wurde.

Mit Gustav an der Pinne war die *Traudel IV* bei schöner Brise von raumschots am Start gut weggekommen. Es folgte ein Stückchen Kreuz, dann vor dem Wind ins Ziel mit dem alten Spinnaker von der *Traudel III*. Das Ding stand wie eine Eins. *Traudel IV* allerdings auch. Mit Knurr an der Pinne lief *Traudel IV* über die Ziellinie, irgendwo im hinteren Mittelfeld. Was für eine Blamage, mit dem neuen Schiff!

Alles hatte Knurr unterwegs versucht: wie ein Wahnsinniger mit Achterstag und Traveller gearbeitet, die Holepunkte der Genua nach vorn und nach hinten justiert, mit dem Crewgewicht getrimmt, am Baumniederholer gezupft. Hat aber alles nix gebracht. Dabei segelte die Rasant 32 wirklich prima, lag leicht auf dem Ruder, wendete willig, stampfte sich zwar ab und zu im Dampferschwell fest, aber welches Boot tut das nicht? Trotzdem zog ein feixender Klubkamerad nach dem anderen vorbei, sogar sein Freund Heinz mit der alten *Moby Dick*. Nun dämmerte Knurr die bittere Erkenntnis, dass seine Rasant 32 zwar ein Raumwunder mit verlässlichen Segeleigenschaften war, aber eine ziemlich lahme Ente.

Knurr baute im Winter einen Faltpropeller an die Welle, schliff das Unterwasserschiff glatt wie einen Babypopo, bestellte einen neuen Spinnaker und schmökerte sich noch einmal durch Joachim Schults Lehrbuch »Schnell segeln, schneller als die anderen«. Zum Ansegeln war er »wegen eines dringenden geschäftlichen Termins« diesmal verhindert. Denn für Knurr gab es jetzt nur noch ein Ziel: Wenn schon nicht Meister im Verein, so wollte er doch

Meister aller HR-Klassen werden. Im Sommer bei der HR-Werft-regatta.

Damp 2000 im August. Sage und schreibe sechsundvierzig Rasant-Yachten lagen im Hafen und eine Rasant 107 wegen des Tiefgangs auf Reede. In Knurr brach der Regattawolf durch. Als Erstes flogen die neuen Sitzkissen über Bord, dann die Federkernmatratzen, dann der Teak-Cockpittisch, das Gummischwein und sein Außenborder, die Bordbibliothek (mit Ausnahme der Wettfahrtregeln), die sechs Spritbuddeln. Alle Versorgungstanks wurden lenz gepumpt, Anker und Kette in den Gewichtsmittelpunkt zum Salon verlegt, Spinnaker und Werkzeugtasche ebenso. *Traudel* IV machte richtig einen Schwupps aus dem Wasser, so leicht war sie geworden. Motiviert bis in die Haarspitzen rauschte die Crew an den ersten Start. Dann tat Knurr etwas, was er noch nie getan hatte: Er übergab das Ruder der *Traudel* IV einem Spunt aus der Jugendabteilung. Gilt als das größte Talent des Clubs. Angehender Segelmacher. Knallharter Junge – wäre der Rasant 107, wo halbnackte Mädels im Cockpit saßen und Moet & Chandon tranken, mit Wegerecht fast in die frisch lackierte Außenhaut gefahren. Vorfahrt ist Vorfahrt! *Traudel* IV wurde gesegelt wie vom Teufel persönlich.

Am Ende der Woche nahm Skipper Knurr, nun schon wieder ein wenig mehr Gustav, aus der Hand des Werftgebietsvertreters Herrn Rasch den vierten Preis nach berechneter Zeit entgegen. Die Rasant 107 lag übrigens auf Platz 6. Das machte Gustav Knurr etwas stolz. Als er aber sah, dass alle sechsundvierzig Teilnehmer der HR-Werftregatta mit einem dicken Pokal nach Hause gingen (Herr Rasch weiß, was er seiner Kundschaft schuldig ist), da hat er sich dann doch ein bisschen geärgert. Immerhin, sein dicker Zinncup würde sich in der Klubvitrine ganz gut machen.

Werftregatten, so fand Herr Knurr, sind zwar ein wenig aufwändig, aber doch wenigstens fair. Wenn er für die nächste Saison eine 3-DL-Genua bestellt, dann setzt sich der junge Segelmacher bestimmt wieder ans Ruder. Vielleicht könnte die Crew auch etwas früher in der Saison mit dem Training beginnen. Sollten doch die anderen mal Kippen sammeln. Einem so erfolgreichen Regattasegler wie Gustav Knurr würde das gewiss niemand übel nehmen.

Das Unglück schläft nicht

Jeder Mensch hat mal einen schlechten Tag. Gustav Knurr kennt solche Tage auch und ganz gewiss, wenn er durch den Nord-Ostsee-Kanal muss, um das Schiff für die Sommerreise zu verholen. Aber diesmal war's besonders schlimm. Die Stammcrew von *Traudel IV*, bei Regatten immer gern dabei, hatte für das Wochenende dringende andere Termine vorgeschützt, und Knurr musste seinen geballten Charme einsetzen, um wenigstens seine Gattin Traudel an Bord zu locken.

Frau Knurr ließ sich schließlich überzeugen, jedenfalls nach einem Abendessen in ihrem italienischen Lieblingsrestaurant »Il Gabbiano«, einem Besuch des Kinofilms »Shrek« (dessen Hauptfigur Herrn Knurr irgendwie an eine extreme Form von Seekrankheit erinnerte) und dem Kauf des Romans »Wolken am Horizont« von Rosamunde Pilcher zu 12 Euro sowie diverser Rätselhefte.

Vor der Schleuseneinfahrt in Brunsbüttel hatte sich, Strom gegen Wind, schon eine recht kabbelige See aufgebaut. Gerade wollte Herr Knurr einen Aufschießer machen, da knallte so eine eklige braune Elbsee über das Vorschiff und ergoss sich ins Cockpit. Knurr saß bis zum Bauchnabel im Nassen. Zum Bergen und Beibändseln des Großsegels kletterte Knurr auf das Deckshaus. Da holte *Traudel IV* plötzlich fürchterlich weit über, sodass sich Knurr nur mit Mühe am Baum festhalten konnte und ihm dabei der Rest des Großfalls durch die Finger rauschte.

Knurr war geladen. Er ließ seinen Ärger erst mal am Motor aus. Mit dem Hebel am Anschlag nahm er Kurs auf die Schleusenvorkammer, um unter Landschutz die Wuhling an Bord zu ordnen. Gerade begann sich Herrn Knurrs Zorn auf die Elbe, auf das Großfall und auf sich selbst etwas zu legen, da bölkte ihm eine Mikrofonstimme ins Ohr: »Machen Sie den Vorhafen frei, Sie haben kein Einfahrtssignal!«

Das ging Knurr wider die Natur. Er hätte jetzt gern einen Satz warme Ohren verteilt, so war er in Brass, und schrie etwas von »Notfall« und »Ochse« und schloss einen Schwall nicht zitatfähiger Flüche an. Aber es nützte nichts. Zu der Stimme gab es keine Ohren, von oben herab glotzten nur dieses weiße und das rote Licht.

Traudel Knurr war unter Deck noch mit dem Zusammenkehren der Scherben von Herrn Knurrs geliebter Kaffeemug beschäftigt, die beim letzten Manöver über Stag gegangen war.

Schließlich öffnete sich das Tor. *Traudel IV* rauschte zum Festmachen elegant heran. Mit der Achterleine in der Hand jumpte Knurr hinüber, schlidderte über die seifigen Bohlen und landete dann auf dem von der Elbe bereits vorgenässten Allerwertesten. Die Höchststrafe. Frau Knurr, am anderen Ende, wollte eben sagen: »Das Unglück schläft nicht.« Sie tat es dann aber doch nicht.

Der folgende Morgen, ein Sonntag, zeigte sich trübe. Herr Knurr hatte Kopfschmerzen und sehnte sich nach einem starken Kaffee. Leider war seine geliebte Mug nicht aufzufinden. Beim Ablegen mussten erst noch zwei Längsseitslieger verholt werden, die Herrn Knurrs landestypisches »Moin, moin!« schlaftrunken mit verhaltenen Flüchen beantworteten. 90 Kilometer öde Kanalfahrt standen den Knurrs bevor. Knurr stand am Ruder, denn seine rechte Pobacke trug in Veilchenblau die schmerzhaften Abdrücke einer Festmacherklampe vom Schleusenschlengel.

Knurr hatte extrem schlechte Laune und das dringende Verlangen, für seine Laune ein Opfer zu finden.

Bei Kilometer 18 verfolgte er mit Vollgas eine Gruppe von Jung-

vögeln, kam dabei aber etwas zu nah an die Kanalböschung und
erlebte daraufhin eine heftige Grundberührung.

Sein Zorn schwoll.

Als er bei Kilometer 26 am Ufer eine Reihe frühaktiver Sport-
angler sah, die ihre langen Ruten mit den bunten Posen in den
Kanal hielten, war die Devise klar. Grimmig steuerte Knurr seine
Traudel IV genau in der Entfernung zur Kanalböschung, dass an
Land eine hektische Betriebsamkeit ausbrach und eine Angel nach
der anderen eingezogen wurde, damit die Schnüre nicht im wir-
belnden Prop der *Traudel* IV zerschreddert würden.

Je größer der Tumult am Ufer wurde, umso mehr hob sich
Knurrs Laune.

Frau Knurr, sie fand die Sache peinlich, hatte sich unter Deck
eingerichtet und im ersten Kapitel von »Wolken am Horizont« zu
lesen begonnen, als, irgendwo hinter Kilometer 40, ein Fiepen die

Überhitzung des Motors signalisierte. Knurr gelang es mit dem letzten Schwung, die Yacht am Dalben einer Kanalweiche festzumachen. Glücklicherweise befand sich ein passendes Reserveteil an Bord. Knurr beschäftigte sich die gesamte Mittagszeit mit dem Einbau eines neuen Impellers.

Als Frau Knurr Kapitel 6 von »Wolken am Horizont« erreicht hatte, setzte ein feiner Landregen ein.

Knurr zog die Kapuze seiner Goretex-Jacke zu und hing nun, sitzen konnte er immer noch nicht, wie ein schlaffer Sack über dem Ruder. Dann und wann schob sich Frau Knurrs Arm durch den schmalen Schlitz des Schiebeluks und reichte ihm ein belegtes Brot oder ein Bier und später heißen Tee mit Rum. Mitten im Sommer.

Das eintönige Grau des Himmels, das sonore Brummen des Motors und das ebenso eintönige Grün der platten Landschaft, die Stumpfsinnigkeit der unendlichen Geradeauskurse, mit einem Satz: die typische Langeweile einer Kanalfahrt vermischte sich in Knurrs Seele mit den Wunden, die die bösen kleinen Niederlagen des Lebens in sein Segler-Ego geschlagen hatten. Und war es nicht das Schlimmste, dass es so recht keinen Schuldigen für die ganze Unbill zu benennen gab? Keinen Schuldigen, außer Knurr selbst?

Am späten Nachmittag erreichte die *Traudel IV* mit Frau Knurr, die sich inzwischen den Rätselheften widmete, und Herrn Knurr, der sich vom langen Stehen um mindestens zehn Zentimeter geschrumpft fühlte, die Schleuse von Kiel-Holtenau. Knurr träumte von einem trockenen Bundesbahn-Abteil und dachte nur noch an zu Hause.

Am Schleusenkiosk traf ein ziemlich lädierter Knurr zufällig seinen Klubkameraden Heinz. Der haute ihm fröhlich auf die Schulter und sagte: »Mensch Knurr, schon gehört? Das Schleusentor ist im Eimer. Stromausfall. Wer weiß, ob wir hier heute noch rauskommen!«

Knurr sagte nichts, aber er sackte noch vier Zentimeter weiter in sich zusammen und sah die letzte Eisenbahn abfahren.

Das Schleusentor ging dann aber doch auf. Heinz hatte mal wieder einen seiner blöden Witze gemacht. Und Gustav war natürlich drauf reingefallen. So erwischten sie den letzten Zug doch noch. Sitzplätze gab es nicht mehr. Aber ans Stehen hatte sich Knurr ja heute schon gewöhnt.

Wie gesagt, es war nicht Knurrs Tag.

Eine Bresche zum Herzen

Also, geknallt hat es zum ersten Mal auf der Position 53 Grad, 18 Min., 12 Sek. N, 10 Grad, 01 Min., 11 Sek. E oder jedenfalls da ganz in der Nähe. Im Rahmen einer nationalen Segelregatta steuerte Gustav Knurr seine Piratenjolle *Knurrhahn* seinerzeit recht zügig durch die Backbord-Rumpfseite des Konkurrenzbootes *Seute Deern* und kam erst am Schwertkasten zum Stehen. Das war vor etwa 30 Jahren, als die ISAF noch IYRU hieß, die Wettfahrtbestimmungen durchschaubar und Piraten aus Vollholz waren.

Obwohl die *Seute Deern*, was aus dem Niederdeutschen übersetzt »hübsches Mädchen« bedeutet, nach den Regeln der IYRU ganz eindeutig vorfahrtberechtigt war, fing Knurr sofort an zu poltern. »Idioten! Könnt ihr nicht aufpassen? Warum habt ihr nicht deutlich Raum verlangt?«

Na ja, man kennt das.

Sein Kumpel und Fock-Affe Heinz hingegen, der sich ein bisschen mitschuldig am Unglück fühlte, versuchte einstweilen die beiden ineinander verkeilten Boote zu trennen und seinen Schreck zu verdauen. Als Knurr entdeckte, dass die Piratenjolle *Seute Deern* nicht nur so hieß, sondern mit zwei tatsächlich sehr seuten Deerns besetzt war, die selbst im Augenblick der Verärgerung die Ruhe behielten und nun versuchten, ihr langsam absaufendes Boot mit starker Steuerbordkrängung über Wasser zu halten, kniff ihn das schlechte Gewissen.

Verdammt noch mal, wie geschickt die beiden Mädchen waren! Besonders die Blonde mit dem Pferdeschwanz! Wie die Profis brachten die Damen ihren Piraten in den Hafen. Nun ganz Gentleman begleitete Knurr die Havaristinnen an den Steg, zum Slipwagen, half beim Abriggen, trug die nassen Sachen zum Zelt und hätte die Piratenfrau am liebsten noch mit einer gut gemeinten Umarmung gewärmt. Vor dem Zelt hat es also zum zweiten Mal geknallt, jedenfalls was die Gefühle betrifft. Knurr taumelte vor Glück.

Den unangenehmen Teil von Knurrs Kollision beglich die Haftpflichtabteilung der Paritätius-Versicherung. Mit der gleichen Post flatterte ihm allerdings die Kündigung der Police ins Haus. Dafür gab es Gründe, denn die Versicherung fand sich durch Knurrs Schadensaufkommen letzthin etwas strapaziert. Kürzlich erst war dem *Knurrhahn* der Mast gebrochen, wobei Gustav ehrlich gesagt ein bisschen nachgeholfen hatte. Dass bei der Bergung das alte Großsegel von oben bis unten durchriss, würde man heutzutage als Kollateralschaden bezeichnen. Paritätius zahlte auch das Segel, aber danach war Sense.

Knurr scherte sich nicht drum. Er hatte andere Sorgen. Da die seute Deern, die eigentlich auf den Namen Traudel hörte, keinerlei Reaktionen auf seine Kontaktbemühungen zeigte und auch von dem 5. Platz bei der regional stark besetzten Segelwoche im dänischen Aabenraa völlig unbeeindruckt blieb, musste er noch etwas Gas geben.

Beim Regattaball tanzte er bis zum Abwinken Lambada. Traudel, die eine begeisterte Lambada-Tänzerin war, blickte nicht einmal zur Tanzfläche. Als Mitglied der Überführungsmannschaft der Admiral's Cup-Yacht *Smaragd* kreuzte Gustav mit einem original *Smaragd*-Crewpullover mit eingestickter Deutschlandflagge auf. Traudel interessierte sich nicht die Bohne.

Selbst als in einer plötzlich auftretenden Gewitterbö Gustav und Heinz mit ihrem Piraten gekentert und so lange im vollgeschlagenen *Knurrhahn* herumgetrieben waren, dass Gustav schon dachte, jetzt sei Matthäi am Letzten (ein Zwischenfall, der sogar der BILD-Zeitung auf der letzten Seite eine Meldung wert war), selbst da reagierte Traudel nicht. Kein Mitleid, null Interesse, nichts. Was für Seeheldentaten, welche Köder sollte Gustav eigentlich noch vorlegen, um das Frollein zu beeindrucken? So geriet der Fall Traudel offiziell zu den Akten. Aber die offene Wunde in seiner Seele, die blutete.

Ja, und dann kam dieser Nachmittag nach der Regatta im Hafen von Glückstadt. Der *Knurrhahn* hatte im Päckchen neben einem fetten Plastikkreuzer festgemacht, und Knurr wollte eben nach einer wohlverdienten Buddel Bier greifen, als er nebenan ein Wimmern, ein Schluchzen vernahm. Es schnürte ihm das Herz zusammen.

Entgegen aller Yachtetikette enterte Knurr den fremden Plastikkreuzer, folgte dem Schluchzen und fand, in der Toilette eingesperrt, ein in Tränen aufgelöstes, am ganzen Körper zitterndes kleines Mädchen – eingesperrt, damit es nicht über Bord fällt, während die Eltern an Land offenbar einen Einkaufsbummel machten.

Diese Gemeinheit ging Knurr wider die Natur. Obenherum ganz vorsichtig, hob er die Lütte auf seine starken Arme. Untenherum ganz zornig, trat er die Toilettentür, bis das Marinesperrholz in den Angeln krachte.

Als Knurr wie der leibhaftige St. Christopherus, das wimmernden Bündel im Arm, auf den Schlengel sprang, bildete sich sofort ein Auflauf. Empörte Stimmen wurden laut. Schweinerei! Rabeneltern! Das Kind einfach allein an Bord zurückzulassen! Ein Gefühl für Anstand und Gerechtigkeit ist unter den Seglern und Seglerinnen schon immer weit verbreitet gewesen.

In diesem Augenblick trat Frollein Traudel hervor. Sie nahm das Mädchen bis zur Rückkehr der Eltern in ihre Obhut. In diesem Augenblick war alles an Traudel weiblich und sanft geworden, und von dieser Weichheit des Gemüts sollte auch Gustav profitieren. Gustav mit seinem Mut, mit seiner Zivilcourage, dem es nun gelungen war, eine Bresche zum Herzen seiner seuten Deern zu schlagen.

Regattasilber hatte Gustav Knurr errungen. Admiral's Cupper gesegelt. Seeabenteuer und Schiffbruch überstanden, sogar Erwähnung in der BILD-Zeitung gefunden – aber wegen einer Selbstverständlichkeit wie der Befreiung eines eingesperrten Kindes, damit hatte er Traudels Herz erobert. Versteh einer die Frauen!

Jedenfalls: Gustav und Traudel segelten fortan gemeinsam durchs Leben, durch Flauten und Stürme, durch gute und durch schlechte Tage. Zur Silbernen Hochzeit erhielt Knurr von seiner Frau ein funkelnagelneues GPS-Gerät geschenkt. Als erster Wegepunkt war 53 Grad, 18 Min., 12 Sek. N, 10 Grad, 01 Min., 11 Sek. E eingegeben. Knurr war gerührt. Mit dem GPS verstand er es, selbst die schwierigsten Standortfragen zu lösen.

Nur eines verstand Gustav Knurr nie: wie Frauen funktionieren.

Eine Norwegenreise

Norwegen lautete das Ziel für den Sommertörn. Wenn schon, denn schon. Der Gedanke, sich einmal von der heimischen Küste zu lösen und den ganz großen Sprung über das Skagerrak zu wagen, ins Land der Fjorde und der Mitternachtssonne, dieser Gedanke war Herrn Gustav Knurr schon im Winter gekommen. Endlich die ultimative seglerische Herausforderung für einen so erfahrenen Fahrtensegler wie Herrn Knurr! Man konnte sich ja schön süttje durchs Schärenfahrwasser nach Norden verholen. Mit so einer Reise ließe sich sogar am Fahrtenwettbewerb der Kreuzer-Abteilung teilnehmen.

Am 2. Advent hatte der Skipper der Familie sein Ziel offiziell bekannt gegeben. Das war nach der sehr fröhlichen Weihnachtsfeier im Verein gewesen, und Herr Knurr befand sich in ausgesprochener Hochstimmung.

Frau Knurr hingegen nannte das »eine Schnapsidee«, und das war es wohl auch. Herr Knurr jedoch begann tatkräftig alles an Informationen und Handbüchern zu organisieren, was er finden konnte und schon mal Kurse, Häfen und Ausweichhäfen auszurechnen. Zu Weihnachten lag tatsächlich ein großformatiger Schärenatlas der schwedischen West- und norwegischen Südküste auf Herrn Knurrs Gabentisch. Ein äußerst großzügiges Geschenk der Familie. Der Hausherr hatte sich sofort nach dem Abendessen zurückgezogen und in den Schärenatlas vertieft. Seite um Seite blätterte er das Kartenwerk durch, und mit jedem Blatt wurde ihm mulmiger zumute. Da waren ja tausende von Steininseln und Untiefen und der feine Strich auf der Karte, der das Fahrwasser anzeigt, führte durch Felsenengen, die nicht einmal Platz für die Spitze des Stechzirkels hatten. »Ei verdammich«, flüsterte Knurr vor sich hin, »das ist ja der reinste Irrgarten.« Drei tiefe Schlucke aus der eiskalten Flasche Linie Aquavit und die Gedanken waren fortgewischt. Was die Norweger können, das kann ich auch.

Pünktlich zum Beginn der Sommerferien waren Herr und Frau Knurr an Bord der *Traudel IV* gegangen, hatten die Kojen mit frischer Bettwäsche bespannt und einen ganzen Kofferraum voll Proviant in den Schapps verstaut.

Der Hafen glich einem Irrenhaus. Alles wollte möglichst schnell weg. Vor der Tankstelle staute es sich und die Ostsee sah aus, als hätte es Segel geschneit. Herr Knurr war die Ruhe selbst, er kannte das schon. Die Ferien begannen ja gerade erst, er hatte alle Zeit der Welt. Am nächsten Morgen sah es schon friedlicher aus. Als Knurr den Starter betätigte, um zum Bunkern an die Tankstelle zu verholen, blieb die Maschine stumm. Den Vormittag, es war ein Sonnabend, verbrachte der Skipper mit den Händen in der Maschine. Als die Fehlerquelle gefunden war – der Anlasser schien im Eimer –, war das Servicezentrum längst geschlossen. Bis zum Montag nutzten die Knurrs ihre *Traudel IV* wie eine Datsche, sie grillten bei schönstem Sommerwetter, genossen abends Günther Jauchs Fernseh-Quizshow »Wer wird Millionär?«, bedauerten die Kandidatin, weil sie bei der 500.000-Mark-Frage den Begriff »America's Cup« nicht einzuordnen wusste, und fühlten sich pudelwohl an Bord.

Am Montag kam der Motortechniker vorbei, baute den Anlasser aus und meldete sich später telefonisch, blöderweise sei gerade dieses Modell nicht vorrätig, aber im Werk hätten sie schon einen Ersatz auf den Weg gebracht.

Wie das manchmal so kommt, es ging ein guter Teil der Woche hin, bis das Ersatzteil eingebaut war. Der Hafen lag jetzt ziemlich ruhig, die Kameraden schipperten bei bestem Sommerwetter längst durch Dänemark. Es waren jetzt vermehrt Touristen aus dem Binnenland, die Herrn Knurr im Cockpit seiner Yacht bewunderten und fragten, ob so ein Boot »nicht umkippen könne«?

Am Ende der Woche war die *Traudel IV* auslaufbereit. Aus dem nahen Supermarkt wurden die mittlerweile gegen lenz gehenden Biervorräte noch einmal ergänzt, und beim Bezahlen ließ Knurr noch eine BILD-Zeitung vom gleichen Tag mitgehen, die er sich zu Gemüte führte, während Frau Knurr die Dosen an Bord verstaute. Links unterhalb von dem Foto mit Frau Bohlens neuem Busen las er die Zeile: »War dies schon der Sommer? Sturmtief bringt Kälte und Regen!« Prüfend blickte Knurr in den Himmel. War aber alles blau, keine Wolke zu sehen. Hingegen, der Barograf zeigte doch eine kleine Delle nach unten, und da Knurr probeweise schon ein paar Dosen der neuen Bierlast verkostet hatte, entschied er sich müde, die Abfahrt nun endgültig auf den nächsten Morgen zu verschieben.

Es war bereits 10 Uhr am Vormittag, aber so dunkel wie im Herbst, als Knurr durch das Heulen des Windes in der Takelage geweckt wurde. Schwaden von gischtendem Seewasser wehten von der Mole herüber. Noch in der Unterhose brachte Knurr zwei zusätzliche Festmacher aus, kroch klatschnass und fröstelnd in die gemütliche Messe zurück und gönnte sich erst mal ein Morgenbier. Am Abend gingen Herr und Frau Knurr ins Kino: »Apocalypse Now« von Francis Ford Coppola. Herrn Knurr gefiel die Szene, wo die Marines gleich nach dem Helikopter-Angriff surfen gehen. Frau Knurr war der Film zu grausam.

Grausame vier Tage heulte es in der Takelage. Mit dem Durchgang der Kaltfront goss es erst aus Kübeln, dann ließ sich die Sonne kurz blicken, dann zogen wieder pechschwarze Wolken auf. Knurr verfluchte die BILD-Zeitung, die Tiefdruckrinne, den Scheiß-Anlasser, und das Bier schmeckte irgendwie auch nicht mehr wie vorher. Aber ganz tief in seinem Herzen fühlte Herr Knurr eine

gewisse Beruhigung. Bei diesem Wetter durch den Schärengürtel zu segeln? Nein, danke. Und Frau Knurr sagte sich auch: dann schon lieber »Apocalypse Now«.

Am Ende der zweiten Urlaubswoche hatte sich das Wetter in gewisser Weise beruhigt. Die abziehenden Tiefs brachte eine kühle, klare Luft mit Nordwind. Die Knurrs verabschiedeten sich daher von ihrem Norwegenvorhaben und setzten für den folgenden Morgen den Kurs auf die Insel Fehmarn ab. Am Ende eines langen Tages, Knurr hatte unterwegs einen Dorsch gefangen, war der Hafen von Orth erreicht, und am folgenden Tag stießen die Knurrs noch weiter nach Osten vor, um schließlich in Burg auf Fehmarn die restlichen Urlaubstage zu verbringen.

Den Kauf der BILD-Zeitung vermied Herr Knurr in dieser Zeit, obwohl er von Frau Knurr wusste, dass der bekannte Musikdarsteller Bohlen schon wieder das Pferdchen gewechselt hatte und ihn, Herrn Knurr, auch irgendwie interessierte, ob Boris Becker nun wieder mit Babs oder nicht. Aber Segler wie Knurr sind abergläubisch und die eine BILD-Wetterwarnung, die langte ihm.

Vielleicht stand es gar nicht in der BILD-Zeitung, aber am drittletzten Urlaubstag zog es sich wieder zu. Während der nun immer drängender werdenden Heimreise, es gab kein Verschieben mehr, erhielt Gustav Knurr bei hartem West gleich hinter der Fehmarnsund-Brücke so mächtig einen auf die Mütze, dass Frau Knurr im schließlich doch erreichten Heimathafen die letzten beiden Urlaubstage damit verbrachte, die Einrichtung zu trocknen und aufzuräumen. Kein Skagerrak, kein Norwegensturm hätte eine größere Herausforderung sein können!

Beim nächsten Klub-Abend wusste Knurr sein Sturmabenteuer mit blumigen Worten zu beschreiben. Die Kameraden lauschten respektvoll und einer, ausgerechnet Stegnachbar Heinz, der es mit seiner klapprigen *Moby Dick* bis Norwegen geschafft hatte, erzählte von der »Wetterscheide Kattegat« und dem »wunderschönen Segelurlaub in den Schären, nur Sonne!«

Ja, dass es in Deutschland diesmal einen stürmisches, verregnetes Urlaubswetter gegeben hatte, das hatte er auch gelesen. In der BILD-Zeitung.

Den Rest des Abends war Knurr dann etwas stiller. In Gedanken peilte er nämlich gerade Island an. Das würde klappen, ganz sicher. Beim nächsten Sommertörn.

Entartung der Arten

Dem Sportsegler Gustav Knurr sind Schiffe jenseits von 20 Meter Länge nicht geheuer. Sein lediglich durch die Anwesenheit der Ehefrau Traudel gezähmtes Aggressionspotenzial richtet sich vornehmlich gegen Oldtimer-Segelschiffe, weil sie Hafenliegeplätze verstopfen, und Fischkutter auf See, weil Knurr nie genau weiß, welchen Kurs sie nehmen und was sie achteraus hängen haben. Nicht gut zu sprechen ist Knurr überdies auf:

- Ausflugs- und Butterdampfer, weil deren Schiffsführungen an den allgemein üblichen Vorfahrtsregeln nicht interessiert sind,

- alle Arten von Küstenmotorschiffen, weil diese von ihren ukrainisch-indisch-kiribatischen Besatzungen grundsätzlich nur per Autopilot gesteuert werden, und zwar von der Koje aus,

- Katamaran-Schnellfähren, weil sie unvorhersehbar wie ein Naturereignis über den Segler herfallen – allein ihr Anblick löst bei Knurr lähmendes Entsetzen aus – ,

- insbesondere aber alle Typen von Behördenfahrzeugen, besonders die grünen und blauen.

Nicht geheuer sind Knurr schließlich Brücken. Die bewegen sich zwar offiziell nicht, beginnen aber bei der Annäherung unvermittelt zu schrumpfen. Erst kürzlich, bei der Durchfahrt unter der Große-Belt-Brücke, ist der Verklicker am Masttopp der *Traudl* IV nur haarscharf unter dem Brückenbogen durchgeschrammt. Von wegen 50 Meter lichte Durchfahrtshöhe! Da hatten nur Zentimeter gefehlt, das konnte Knurr schwören!

Hatte Gustav Knurr mit den Ungeheuern auf dem Wasser seine Probleme, so beschäftigte Traudel Knurr eher das Grauen unter Wasser. Weshalb sie übrigens so gut wie nie freiwillig badete, außer im Wellness-Bereich vom Stadtbad.

Erst kürzlich hatte sie in der BILD-Zeitung einen wissenschaftlichen Beitrag über »Das Seeungeheuer von Teneriffa«, den Riesentintenfisch *Architeuthis Dux* gelesen. »Augen so groß wie Basketbälle, bis zu 18 Meter lange Tentakeln, gefürchtet wegen seiner tödlichen Umklammerung«, wusste der Redakteur zu schreiben. Obwohl er selbst gar nicht vor Ort war.

Herr Knurr meinte zu seiner Frau, die BILD-Zeitung würde sowieso immer übertreiben. Denn bei *Architeuris Dux* dachte Gustav eher an leckeres Tintenfisch-Omelette beim Griechen oder an den Salat mit Meeresfrüchten von Luigi, seinem Lieblingsitaliener, wo es gabelgerechte Kalamari-Saugnäpfe als Vorspeise gab. Ein paar Tage später allerdings meldete CNN aus Neuseeland den Fang eines acht Meter langen Oktopus. Das machte Gustav Knurr dann doch etwas nachdenklicher.

Und überhaupt: Hatte man nicht vor Südafrika einen angeblich vor Jahrmillionen ausgestorbenen Quastenflosser entdeckt, so ein geschupptes menschengroßes prähistorisches Monster? Waren die Feuerquallen in der Nordsee nicht Sommer um Sommer auf glibberige Querschnitte von zwei Metern gewachsen? Stand nicht in der YACHT etwas von einer Invasion exotischer Bohrwürmer zu lesen, die hölzerne Dalben und Stege in den Ostseehäfen verspeisen? Drohte der Elbe etwa eine chinesische Wollhandkrabben-Pest? Ja, war es nicht möglich, dass sich in den Tiefen der Ostsee längst eine Art submariner Jurassic Park heranbildete, mit Geschöpfen, die dem Segler bei Nachtfahrten vor Bornholm nach dem Leben trachten?

Herr Knurr meint, gerade Bornholm sei wegen seiner rätselhaften erdmagnetischen Felder an der Nordspitze höchst verdächtig. Schon zweimal war in diesem Gebiet unvermittelt sein GPS ausgefallen. Und wenn die Genstruktur etwa des Ostsee-Angeldorsches unter magnetischem Dauereinfluss steht, musste das nicht monströse Mutationen zur Folge haben?

Frau Knurr war entschieden der Meinung, die Entartung der Arten sei eine Folge der französischen Atombombentests auf dem Muroroa-Atoll, gegen die, trotz starker Seekrankheit, seinerzeit sogar die Politikerin Heidemarie Wieczorek-Zeul vor Ort protestiert hatte. Auch schloss Frau Knurr nicht aus, dass unabsichtlich genmanipulierte Sojabohnen in den Kreislauf der maritimen Nahrungskette gelangt waren, mit Folgen, die noch gar nicht abzusehen sind. Weshalb Frau Knurr übrigens eine starke Affinität zur Greenpeace-Organisation verspürte.

Das Ehepaar Knurr nahm sich vor, die maritime Umwelt künftig etwas genauer in Augenschein zu nehmen, jenseits der Norm befindliche oder unerklärbare Phänomene fotografisch festzuhalten und mit einer Eintragung ins Schiffstagebuch quasi amtlichen Charakter zu verleihen.

Obwohl das Ehepaar Knurr das Gebiet um Bornholm auf dem folgenden Sommertörn weiträumig umsegelte, füllte Knurrs »Akte X« am Ende der Saison eine Reihe trotz eingehender Analyse nicht vollständig aufgeklärter Fälle.

Ein nördlich Fehmarn aus dem Wasser ragender Tentakel könnte unter Umständen das Sehrohr eines getaucht fahrenden U-Bootes gewesen sein. Ein leicht verwackeltes Foto dieses Phänomens hängte Frau Knurr später zur Information ans Schwarze Brett im Clubheim.

Mehr Sorgen machte Herrn Knurr die starke Grünverfärbung des Ostseewassers im Gebiet des Greifswalder Boddens. Algen oder doch biochemische Tests heimlich für den Irak tätiger arbeitsloser Wissenschaftler aus Russland?

Vor Warnemünde meinte Herr Knurr einen Quastenflosser ausgemacht zu haben. Es kann aber auch eine treibende Plastikplane gewesen sein. In der gleichen Gegend, Gustav Knurr hielt gerade sein Mittagsschläfchen, beobachtete Frau Knurr übrigens Wale. Knurr war verärgert, er glaubte ihr kein Wort. Von wegen, Wale in der Ostsee!

Bezüglich eventuell durch erdmagnetische Strahlen genmutierte Dorsch-Monster konnte Familie Knurr erleichtert Entwarnung geben. Der einzige Dorsch, der am Haken hing, war ein Hornhecht. Wegen seiner verdächtig grünen Gräten jedoch kippte Frau Knurr das halbgare Tier aus der Pfanne über Bord.

Traudel IV beendete ihre Sommerreise ohne direkte Ungeheuer-Kontakte, und somit geriet auch Bornholm als zukünftiges Reiseziel wieder in Erwägung. Musste ja nicht unbedingt eine Umrundung der Nordspitze sein.

Für umsonst

Weihnachten ist das Fest der Freude, der Januar hingegen der Monat der Reue. Auch der Segler Gustav Knurr fühlte nach den Festtagen eine aus Marzipan, Gänsebraten und Aquavit angesammelte Schwere im Leib. Jetzt, in der trostlos segelfernen Zeit, fehlte ihm die Bewegung an der frischen Luft, und er sehnte sich danach, notfalls den ganzen Nord-Ostsee-Kanal aufzukreuzen, nur um ein wenig von seiner Leibesfülle abzunehmen.

Frau Knurr war auch für schlank. Aber nicht durch Kreuzen. Stattdessen quälte sie sich und ihren Mann schon seit Tagen mit einer der Fachzeitschrift »Bild der Frau« entnommenen, streng wissenschaftlich begründeten Möhren-Broccoli-Diät, die »20 Kilo Fett weg in 5 Tagen« versprach.

Knurr hasste Broccoli und stimmte daher aus reiner Verzweiflung dem Vorschlag zu, der Schwester seiner Frau – wohnhaft in Essen-Haarzopf – einen Besuch abzustatten. Nicht nur hoffte er dadurch dem Broccoli-Terror für ein paar Tage zu entkommen, sondern auch einen Tag auf der zur gleichen Zeit in einem Nachbarort stattfindenden internationalen Wassersport-Messe verbringen zu können. Ganz allein.

Frau Knurr hatte nichts dagegen.

Der geplante Messe-Besuch fand an einem Sonnabend statt. Das Frühstück im Hause seiner Schwägerin, geschrappte Möhren mit einem Schuss Zitronenessig, verschmähte Knurr, um »einen Fastentag einzulegen«, wie er sich ausdrückte, und die Morgenzeit für die Vorbereitung seines Messebummels zu nutzen. Als der

Diät-Skipper in Essen-Haarzopf schließlich das erste der für die Messe-Anreise erforderlichen öffentlichen Verkehrsmittel bestieg, glitzerten am Revers seines Blazers die silberne Ehrennadel seines Vereins, das Sportabzeichen in Bronze und eine etwa fünfmarkstückgroße, stilisierte weiße Möwe, die er anlässlich einer Rundfahrt durch den Hamburger Hafen zur Erinnerung an einem Kiosk käuflich erworben hatte, weil sie dem Albatros-Abzeichen der Kap Hornier-Brüderschaft verblüffend ähnlich sah. Insgesamt war Knurr mit seinem Behang eine sehr stattliche maritime Erscheinung. Die wenigen Passagiere der Straßenbahn von Haarzopf in Richtung Essen Hauptbahnhof fragten sich hingegen, ob Jecken nun schon am Vormittag zu Karnevals-Prunksitzungen anrückten.

Anreise, Billettkauf und das Durchschleusen in die Hallen der phänomenal riesigen Bootsausstellungsfläche waren vom Veranstalter professionell durchorganisiert. Aber auch Knurr zeigte sich vorbereitet. Um sich wenigstens einen groben Überblick über das Angebot zu verschaffen, war er anhand des Kataloges programmatisch vorgegangen. Alle Hallen mit Angel-, Kanu-, Surf- und Tauchbedarf und die Motoryachten strich er gleich mal von der Liste. Sein erster Besuch galt, wie bei Ausstellungen üblich, dem Stand der Wassersportzeitschrift YACHT, wo er sich mit einigen reißfesten Kunststofftüten zum Transport von all jenem gedruckten Informationsmaterial versorgte, das auf den verschiedenen Ständen zur Mitnahme auslag.

Da der Vormittag schon fortgeschritten war, genehmigte sich Knurr gleich am Durchgang zur ersten Ausstellungshalle eine kleine Stärkung in Form von zwei Lachs- und zwei Mettwurstsemmeln mit reichlich Zwiebelbelag. Zwiebeln machen nicht dick, hatte doch auch der Einhandsegler Wilfried Erdmann auf seiner Weltumseglung viel Zwiebeln gegessen. Und war der etwa dick in Cuxhaven angekommen?

Den Stand der Zeitschrift YACHT fand Knurr nicht sogleich.

Die Zwiebeln und die trockene Hallenluft hatten bei Knurr zudem einen stechenden Durst ausgelöst, sodass ihm ein Stand mit rheinischem Altbier gerade recht kam. Nach dem Genuss von drei Gläsern des dunklen Schaumgetränks, viel passte ja wirklich nicht in die kleinen Krüge, fühlte sich Knurr gestärkt für die vor ihm liegenden Aufgaben.

Um zu den Ständen der Anbieter von Rollfockanlagen zu gelangen – es sollte da eine verbesserte Technik geben, die ihm die Arbeit an Bord seiner Yacht *Traudel IV* erleichtern würde –, geriet Knurr zufällig in eine Halle mit Reiseanbietern. Auf dem Stand des Karibik-Charterunternehmens »Forever Fun« wurden gerade exotische Drinks von leicht geschürzten, dunkelhäutigen Stewardessen ausgeschenkt. »Für umsonst«, hätte Frau Knurr gesagt, die »für umsonst« auch nichts stehen gelassen hätte. Herr Knurr jedenfalls ließ nix stehen, fand die Piña Coladas überdies sehr schmackhaft und nahm sich vor, nun wirklich auf Kurs zu bleiben.

Der Messestand einer Nordseeinsel, bei dem, ebenfalls »für umsonst«, ein »Küstennebel« genanntes Kaltgetränk von bärtigen Herren mit Schiffermützen und Rollkragenpullovern gereicht wurde, lag direkt am Wege, und deshalb konnte Knurr nicht davon ab, seine morgendliche Getränkeverkostung hier geschmacklich abzurunden. Er bewegte sich zu diesem Zeitpunkt bereits mit bedenklicher Schlagseite.

Bis zum Stand des Rollreff-Herstellers »Blitz-Furl« war es nun nicht mehr weit, und Knurrs ebenso humorvolle wie fachlich fundierte Fragestellung führte zu einem so intensiven Gedankenaustausch mit dem Leiter des Messestandes, dass er als potenzieller Kunde in einen rückwärtig gelegenen Sitzraum gebeten und bei einem gepflegten Medium Dry Sherry mit weiteren Informationen versehen wurde. Fast wäre es zu einem Geschäftsabschluss gekommen.

Zu diesem Zeitpunkt fühlte Knurr jedoch bereits ein menschliches Rühren und den dringenden Wunsch nach frischer Luft.

Weil ihm die bei der Wanderung durch die Messehallen mit Prospektmaterial dick angefüllten Plastiktüten des YACHT-Verlages aufgrund des hohen Gewichtes in die Fingerbeugen kniffen, ließ Knurr sein Sammelsurium kurzerhand in der Abteilung »Herren« stehen.

Die frische Luft draußen tat Knurr wirklich gut. Nach dem Genuss einer Kumme Erbsensuppe mit Bockwurst bei einem ambulant tätigen gastronomischen Betrieb fühlte sich Knurr so weit wieder hergestellt, dass er den Gedanken an die Einnahme zweier verdauungsfördernder Gläser Branntwein in die Tat umsetzte.

Knurrs eigentlich für Vereinsabzeichen reserviertes Blazer-Revers hatte derweil eine farblich interessante Ergänzung in Form eines Klacks sattgelben Mostrichs erhalten, der von der Bockwurst abgängig war.

In der forschen Schritts erreichten Halle für kleine Küstenkreuzer traf ein geistig völlig wiederhergestellter, körperlich jedoch etwas geschwollener Herr Knurr auf seinen Vereinskameraden Heinz. Dieser verwendete eine Woche seines Jahresurlaubs vom Katasteramt sinnvoll mit der beamtenfremden Tätigkeit, am Verkaufsstand der »Saxonia«-Werft Kunden die Vorzüge eines weitgehend seetüchtigen Küstenkreuzers nahe zu bringen, der bei lediglich 16 Fuß Länge ü. a. über fünf Doppelkojen und zwei separate Toiletten mit Dusche zu einem Hammer-Preis von unter 20.000 Euro zu haben war. Tatsächlich waren bereits an diesem Vormittag rechtsgültige Abschlüsse für elf Yachten dieses Typs unterzeichnet worden. Das sollte natürlich gefeiert werden. Mit einer Kiste Rotkäppchen-Sekt Gustav Knurr war eingeladen.

Die Feier zog sich bis weit nach Messeende hin. Knurr war nun stramm. Er beschloss daher – sein für solche Fälle antrainiertes Unterbewusstsein übernahm dabei die Regie – das Ersatzheim in Essen-Haarzopf auf dem direkten Wege anzusteuern. Die Umsteigestationen der Nahverkehrsbetriebe dienten dabei als Wegepunkte für sein inneres GPS. Ein Stationsschild traf er mit dem Kopf. Frau Knurr schlief schon.

Nach diesem diätfreien Tag fühlte sich Knurr mit seinem Körper irgendwie im Reinen. Am nächsten Tag erkundigten sich die Damen beim gemeinsamem Mittagsmahl mit gedünstetem Broccoli lediglich nach seiner Beule am Kopf. Knurr murmelte etwas von der »Kollision mit einer Loxodrome«.

Frau Knurr wollte mit Fragen nicht dumm erscheinen und nahm sich daher vor, diesen ihr unbekannten Begriff gelegentlich nachzuschlagen. Da Knurr nach diesem Fastentag insgesamt nicht allzu blendend aussah, nahm sie sich vor, es mit Diäten nicht zu übertreiben. Zumal der medizinische Ratgeber der gerade am Kiosk hängenden Fachzeitschrift »Bild der Frau« vor den verhängnisvollen Folgen der Magersucht warnte.

Auf der Heimreise von Essen sah man Herrn und Frau Knurr im Restaurantwagen des ICE »Gorch Fock« gemeinsam beim Verzehr von Nürnberger Bratwürsteln mit Kraut.

Helgoland, ein Traum

Gustav Knurr, ein Hochseesegler von Gnaden, war im Urlaub. Er kuschelte sich in die Kissen vom Cockpit seiner Charteryacht, so einem ganz modernen Schnellsegler mit flachem Deck und Selbstwendefock und verchromten Möbeln unter Deck, der in einem südlichen Hafen mit dem Heck zum Kai festgemacht war, während die Sonne hinter der Hafenmole verschwand. Die Hitze des Tages begann sich in angenehmes Kühl aufzulösen, es duftete nach Pinien und gegrillten Scampi mit Knoblauch, am Kai schlenderten braungebrannte Mädchen in Tanga und knappen T-Shirts vorbei und Herr Knurr, in dessen Bauch schon ein paar eiskalte Campari Soda gluckerten, fühlte wohlig die finale Erfüllung aller Urlaubsträume.

Genau in diesem Augenblick stellt ihm seine Frau jene fatale Frage, die fast zum Ende des langjährigen Knurr'schen Eheverhältnisses geführt hätte: »Wolltest du nicht gerade jetzt auf Helgoland sein?«

Herr Knurr verschluckte vor Schreck den Kern einer Olive, die ihm zum Sundowner gereicht worden war. Dann bekam er einen mächtigen Hustenanfall, und als dieser abgeklungen war, traf er die Entscheidung, diese Frage seiner Frau unbeantwortet zu lassen. Aber das Gift des schlechten Gewissens, das die Frauen uns Männern seit dem ersten Schöpfungstag in verletzenden Dosen zu applizieren wissen, hatte längst Herrn Knurrs Seele erreicht. Die Erinnerung an die rote Felseninsel in der Nordsee griff mit eisigen Händen nach ihm. Er fühlte plötzlich, wie die tägliche Kühle des

Nordens sich in abendlicher Kälte auflöste, der Geruch von Seetang zwickte ihm in der Nase und er sah sich von lauter rotbackigen Menschen in unförmigen gelben Gummihäuten umgeben. Es war kein schönes Gefühl.

»Knurr«, dachte er bei sich, »Knurr, was ist mit dir? War Helgoland zu Pfingsten nicht immer der Traum deines Lebens als Regattasegler gewesen?« Oh, er erinnerte sich noch gut an seinen ersten Besuch auf der Insel. Von Cuxhaven aus waren sie bei West 6 gegen eine ruppige See angeknüppelt. Wie eine Fata Morgana tauchte der Felsen aus dem Meer auf, und der Hafen war knüppeldick besetzt mit den heißesten Regattaziegen, die die deutsche Yachtflotte zu bieten hatte. *Traudel II* machte an einem Päckchen fest, wo links ein feuerroter flacher Renner mit Namen *Saudade* lag und rechts eine hochbordige Kampfmaschine mit Namen *Rubin*. Und der Eigner der *Rubin*, der ältere Herr mit Schiffermütze und einer deutschen Flagge auf seiner Seglerjacke aufgenäht, hatte ihn freundlich gegrüßt. Ja, der große Hans-Otto Schümann hatte ihm, Gustav Knurr, einen Moment seines Wohlwollens geschenkt.

Am Pfingstsonntag schlug sich Gustav Knurr bei der Regatta »Rund Helgoland« tapfer gegen eine gewaltige Konkurrenz, gegen bitterkalten Wind, tückische Strömung und den letzten Rest Alkohol und Müdigkeit in den Knochen. Zwar nur auf der »kleinen Bahn«, aber immerhin. *Saudade* und *Rubin* lieferten sich auf der »großen Bahn« einen Kampf bis aufs Messer und was hat sich Herr Knurr gefreut, als sein Bootsnachbar »Hans-Otto« zwei Monate später den Admiral's Cup gewann, die Krone der Hochseesegelei. Genau genommen war es der Tag gewesen, an dem Gustav Knurr zum ersten Mal in seinem Leben sehr stolz war, ein Deutscher zu sein.

Es gab nun keine Nordsee-Woche auf Helgoland mehr ohne Knurr'sche Beteiligung. Die Deutschen rüsteten sich in der Nordsee für ihr Dauerabonnement auf vordere Plätze im Admiral's Cup und Gustav Knurr fühlte sich als einer von ihnen, auch wenn ihm mit *Traudel III* und *Traudel IV* auf der kleinen Bahn nie so recht der Durchbruch gelang. Aber wenigstens druckte die YACHT einmal ein Action-Foto von der Nordsee-Woche, auf dem deutlich der Bug von *Traudel IV* zu erkennen war. Mit anderen Worten, in gewisser Weise gehörte ihr Skipper nun fast voll zum harten Kern der deutschen Hochseeregattaseglerszene.

Das ging so viele Jahre lang, derweil Frau Traudel Knurr an Pfingsten regelmäßig Urlaub auf Ibiza machte und mit Freunden, die auch Segler waren, meistens in die Bucht von Las Salinas motorte, zum Baden und »schöne Männer gucken«, wie sie es nannte. Auf diese Anspielung hatte Gustav Knurr nur ein mildes Lächeln übrig. Was gab es wohl im Süden für interessante Männer im Vergleich zu den hartleibigen, See-erfahrenen und alkoholerprobten Nordsee-Woche-Männern, die regelmäßig die Briten aus ihren Segelanzügen pusten?

Dieses Weltbild ist Herrn Knurr irgendwann einmal flöten gegangen. Es gab keinen besonderen Anlass dafür, eher eine Summe von Anlässen. Während überall von globaler Erwärmung und Klimakatastrophe die Rede ist, war davon auf Helgoland drei Jahre in Folge nichts zu spüren, es war nur noch eine Katastrophe. Mit der Abschaffung der IOR-Formel verlor Herr Knurr die Übersicht, gegen wen er auf der »kleinen Bahn« überhaupt noch antreten sollte. Die *Rubin* hatte längst in südliche Gefilde verholt, die *Saudade* sogar nach »Down-under«. Den Engländern gelang es, den Admiral's Cup mit eigensinniger Bootswahl vollends kaputt zu machen, und die Butter und die leckere ungarische Salami, die man in den Hummerbuden auf dem Helgoländer Unterland gern kaufte, schmeckte letzthin auch so muffig, bis Herr Knurr in der Zeitung las, dass die Verfalldaten manipuliert waren. Der eigentliche Grund war vielleicht der: Herr Knurr stand in der Blüte seines Lebens, er war 50 Jahre alt. Und was hatte ihm ein Mitsegler als Widmung in das »Hafenhandbuch der kroatischen Küste« geschrieben? »Knurr, ab 50 geht's heimwärts!«

Da war was dran. Knurr horchte in sich hinein. Wann würde sich wohl die Prostata melden? War es nicht ungesund, immer im Kalten zu sitzen? Fühlten sich die Fingergelenke nicht manchmal so steif an? Diese verdammte Feuchtigkeit! Die Leberwerte könnten auch besser sein. Ist die durchschnittliche Lebenserwartung nicht auf Sardinien am höchsten? Gibt es nicht gewisse griechische Inseln, auf denen Herzinfarkte unbekannt sind? Warum sich immer auf Helgoland quälen, wo es zudem kaum noch Nachwuchs für die Arbeit an Bord gibt? Die jungen Leute segeln lieber Match Race oder Round-the-World oder Surfen oder sausen mit dem Kat durch die Gegend. Als er dann hörte, dass es nun schon Anreiseprämien für die Teilnahme an der Nordsee-Woche gibt, da wusste Knurr, dass er nicht der Einzige ist, der unter einer gewissen Nordsee-Müdigkeit leidet. Der deutsche Segler ist bequem geworden.

Herr Knurr dachte an das Bibel-Wort »Alles hat seine Zeit«, hörte auf seine Frau und nahm Kurs gen Süden. Sechs Direktflüge täglich nach Palma de Mallorca, wo früher der Schienenbus in seiner norddeutschen Heimatstadt nur zweimal hielt. Das nennt man Globalisierung und muss man nutzen. Sein neues Boot, gleich groß wie sein altes, aber doppelt so schnell und bequem, weil es keinem Formelzwang unterliegt, ist sein neues Zuhause auf dem Wasser und Ölzeug hat er gar nicht mehr an Bord.

So entschließt sich Gustav Knurr, seiner Frau die Frage großzügig zu verzeihen, sich noch einen Campari Soda zu gönnen und seine Aufmerksamkeit wieder den hübschen Mädchen am Kai zuzuwenden. In der folgenden Nacht hat Herr Knurr geträumt, dass die Behörden das streng bewachte Hummerschutzgebiet von Helgoland aufgehoben und ein beträchtlich größeres Gebiet als »Hochseeseglerschutzgebiet« ausgewiesen hätten. Aber wie zuvor schon bei den Hummern sei diese Maßnahme viel zu spät gekommen, denn es gab schon längst keine Hochseesegler mehr auf Helgoland. Aber das ist Gott sei Dank nur ein böser Traum gewesen.

Ikea Ocean Race

Noch nie in seinem Leben hatte Gustav Knurr bei einem Preisausschreiben etwas gewonnen. Jedenfalls fast noch nie. Außer dieser Knotentafel auf der Weihnachtstombola seines Vereins, die seither den Staub in seinem Arbeitszimmer einfing. Doch diesmal sollte es anders kommen.

Knurr hatte die letzte Bootsausstellung mit seinen Kumpels aus dem Klub besucht, um einen Satz Seekarten zu kaufen. Beim Stöbern – er hatte, wo er nun schon mal auf der Ausstellung war, natürlich gleich elektronische Karten nebst Plotter, ein Paar Messing-Matrosen sowie neues Ölzeug für seine Gattin Traudel erworben – sprach ihn so eine hübsche PR-Lady an und drückte ihm mit einem unwiderstehlichen Lächeln eine Quiz-Karte in die Hand. Wer die drei aufgedruckten Fragen beantworten konnte, nahm an einer Verlosung teil. Hauptgewinn: eine Tagestour auf einem echten Volvo-Round-The-World-Racer.

Alle Vereinskameraden machten mit, die Fragen waren für einen erfahrenen Segler eigentlich nicht schwer zu beantworten. Obwohl: Gustav Knurr kam sich vor wie im Fernsehen bei Günther Jauchs »Wer wird Millionär?« und schwitzte vor Konzentration und Nervosität.

Frage eins lautete: Wie viele Seemeilen legen die Round-the-World-Regattayachten auf ihrem Kurs von Portsmouth nach Portsmouth zurück?

Knurr dachte gleich an Wilfried Erdmann. Der war bei seiner Weltumseglung 343 Tage auf See gewesen, aber weiter im Norden gestartet. Knurr zog also die zweimal 400 Seemeilen von Portsmouth bis Cuxhaven ab und wollte erst »49 200« schreiben. Das erschien ihm dann doch zu viel, und so notierte er: »Überschlägig mehr als 40 000.« Zu blöd die Frage, so ganz ohne Anhaltspunkt. Gab es bei Jauch nicht immer vier Antwortvorschläge?

Die zweite Frage lautete: Welches ist das höchste Etmal, das je von einer Einrumpf-Yacht gesegelt wurde?

Knurr rechnete. Seine *Traudel IV* machte bei sehr günstigem Wind schon mal 7 Knoten Spitze. Aber nie 24 Stunden lang, weil Frau Knurr die Nächte lieber im Hafen verbrachte. Und dann musste man ja auch noch die Müdigkeit einrechnen. Nach sechs Dosen Holsten-Bier wurde Knurr immer so schläfrig. Er kalkulierte daher großzügig »8 Knoten x 24 Stunden« und schrieb: »192 Seemeilen«. Aber so sicher war er sich da nicht, denn 192 Seemeilen bedeutete ja von Kiel bis weit hinter Bornholm quasi an einem Tag. Wenn das mal zu schaffen war! Bei Jauch hätte er jetzt seinen Freund Heinz angerufen.

Bei der dritten Frage musste Knurr passen: Welche große Firma sponserte das Volvo Ocean Race 2001/2002? Verdammich. Jetzt hätte er gern den Joker gezogen oder das Publikum gefragt! Konnte das Beck's Bier sein, die hatten doch immer so ein grünes Schiff in der Werbung? Würde passen, denn auf langen Reisen wird bestimmt mächtig viel Bier verbraucht. Auf Erdmanns Tour umgelegt errechnete Knurr 6 Dosen x 343 Tage x 10 Mann Crew – macht 20 580 Dosen, mehr als 850 Paletten. Heiliger Strohsack, so eine mächtige Vorpiek konnten die Rennziegen doch kaum haben!

Also, wenn es nicht Beck's ist, was dann? Knurr konnte sich beim besten Willen keinen Reim auf die Frage machen und linste daher heimlich zu seinem Vereinskameraden Heinz rüber. Heinz schrieb gerade in Versalien IKEA. Na klar, das war's! Irgendwas aus Schweden, er hatte es ja geahnt. »Ikea Ocean Race« kam ihm auch irgendwie bekannt vor, die machten doch immer so was Verrücktes.

Gustav Knurr hatte den Tag auf der Bootsausstellung längst vergessen, als er einen Brief in seinem Postkasten fand, den er wegen des Firmen-Freistemplers für Werbung hielt und beinah in den Papierkorb geworfen hätte. Die bloße Teilnahme an der Fragebogenaktion hatte genügt, und ihm, Gustav Knurr, war das Losglück zum zweiten Mal in seinem Leben hold gewesen. Welch ein Preis! Eine Reise auf einem World-Racer von Hamburg nach Cuxhaven. Knurr schwebte auf Wolke sieben, allein beim Gedanken an den Neid seiner Vereinsfreunde.

Einiges vorzubereiten gab es auch. Als Knurr 14 Tage später von seiner Frau am City-Sportboothafen abgesetzt wurde und auf den giftgrün lackierten Racer *Bruckwill* zuschritt, sah er schon aus wie ein leibhaftiges World-Racer-Crewmitglied. Fand er jedenfalls. Er trug Segelmokassins (Obermaterial Leder), eine frisch gewaschene Bundfalten-Jeans, ein neues T-Shirt mit dem Namen seiner Yacht *Traudel IV*, dem Vereinsstander und einem geblähten Spinnaker mit der aufgedruckten Nummer GER 9. Auf der blauen Popeline-Windjacke, die er unter dem Arm trug, prangte der Schriftzug: »Brahmsee Sailing Championship 1988 sponsored by Bäckerei Windmüller«, was seine eine sportliche Professionalität signalisierte.

Der Rest des Tages auf der Elbe war an Knurr wie ein Film vorbeigelaufen. Die World-Racer-Crew, so breitschultrige, braun gebrannte Hünen mit militärischen Haarschnitten, insektenaugenartigen Oakley-Sonnenbrillen im Nacken und Händen wie Klodeckeln hatten ihn wie einen alten Sack an Deck gehoben, abgelegt und, eh er sich versah, die Segel gesetzt. Auf der *Traudel IV* musste Knurr seiner Gattin stets lauthals Anweisungen geben. Hier sprach kaum einer, denn obwohl *Bruckwill* eine deutsche Flagge führte, wurde an Bord nichts Deutsches geführt, nicht einmal deutsche Worte.

Als die Segel getrimmt waren, erklang vom Heck her ein leises Zischen, und auf dem digitalen Speedometer erschien die Zahl

13,3. Knurr grinste sich eins. So ein modernes Schiff, aber wie man einen Speedo kalibriert, das wissen die nicht!

In Höhe von Glückstadt fühlte Knurr plötzlich einen stechenden Durst. Er hätte gern einen Blick in die Vorpiek geworfen, bat aber nur höflich um ein Bier. Das Wort wird ja wohl international verstanden.

Aus dem Niedergang flog ihm eine Pappdose zu. »Isotonic Drink« stand da drauf. Es war das labbrigste Gesöff, das Knurr je über den Knorpel geflossen war. Knurr fragte nicht noch einmal. Das Speedometer zeigte jetzt 15,2 Knoten, und eben überholten sie das dritte Küstenmotorschiff.

Die Sonne schien, der frische Südwind war kaum zu spüren, und Knurr begann eben, sich auch ohne Bier an Bord wohl zu fühlen. Da war Cuxhaven schon erreicht. Zehn Minuten später fand er sich abgesetzt am Kai der Alten Liebe wieder. 60 Seemeilen in fünf Stunden, das ging ja fix!

Am folgenden Wochenende im Klub trug Knurr, obwohl es ziemlich warm war, eine neue Jacke. Aus Goretex, giftgrün, *Bruckwill* links auf die Brusttasche genäht. Heinz fragte, wie es denn so gewesen sei. Gustav knurrte fachmännisch in die neugierige Runde: »Die Jungens kochen auch nur mit Wasser.« Dann zog er den Reißverschluss der Jacke bis ganz zum Hals hoch.

Sie war ihm eine Nummer zu groß.

Im Schatten der Großen

Traditionssegler«. Wenn Gustav Knurr dieses Wort nur hört, dann kommt ihm die Galle hoch.

Der Anlass dazu war eigentlich geringfügiger Natur. Das kam so:

Seit gut dreißig Jahren ist der Hafen von Marstal, auf der dänischen Insel Aerö, ein bevorzugtes Wochenendziel von Herrn Knurr, und sogar Frau Knurr hat selten Einwände. Fast scheint es dem Segler Knurr, als kenne er nach all den Jahren auf der Ostsee jede Welle auf dem Weg nach Marstal persönlich.

In dem hübschen kleinen Hafenstädtchen mit der großen Segelschiffvergangenheit ist zwar heute nicht mehr viel los, aber wie propper aufgeräumt stehen die kleinen Backsteinhäuschen nebeneinander. Wie reinlich alles ist, nirgendwo Hundehaufen: Die werden in Dänemark von Herrchen verbeutelt und in so einer Art grünem Briefkasten entsorgt. Schließlich sind da noch die beiden Bäckereien, sie liefern zuverlässig früh am Morgen frische Semmeln und süßes Wienerbröd.

Berühmt ist auch das Schifffahrtsmuseum von Marstal mit seiner Buddelschiffsammlung. Einen Besuch empfiehlt Knurr warmstens, obwohl er das Museum genau genommen gar nicht kennt, nur mal auf Fußspitzen durch die kleinen Fenster gelinst hat. Es ist nämlich so: Buddeln mit Schnaps sind ihm lieber als Buddeln mit Schiffen drin.

So schön das alles ist, beim letzten Besuch in Marstal ist dann etwas schief gelaufen. Knurr und sein Freund Heinz – der seine Yacht *Moby Dick* für zwei Wochen verchartert hatte – sind bei frischem Nordwest, Anliegerkurs, aufgebrochen. Zwei Stunden später kullerten bereits ein Dutzend Bierflaschen durchs Cockpit und aus dem Anlieger war eine ungemütliche Kreuz geworden. Alkohol und Arbeit, das verträgt sich nicht, und als die *Traudel* Marstal erreichte, machten sie gleich vorn an der Holzpier fest. Die Segel nur eben an Seereling und Baum beigebändselt, nahmen sie erst mal eine Mütze voll Schlaf.

Knurr träumte. Da riss ihn ein hartknochiges Klopfen auf dem Deckshaus aus dem Schlaf. Wie er dieses Geräusch hasste, so autoritär, so bestimmend, so amtlich, meistens mit der Abgabe von Liegegeld verbunden.

Tatsächlich, als Knurr sein verquollenes Gesicht mit den strubbeligen Haaren aus dem Niedergang steckte, wurde er von einer Amtsperson angesprochen. Mit Hinweis auf das Schild »Liegeplatz für Schiffe über 20 Meter Länge« wies der Hafenmeister ihn an, die Yacht *Traudel IV* in den Lystbaade-Havn, den Lustboote-Hafen zu verholen. *Traudel IV* maß zwar über 10 Meter Länge, wurde von Knurr aber, zwecks Einsparung von Liegeplatz- und Kanalgebühren, gerne kleiner geredet.

Eben hob Knurr an, seinem Unmut laut Ausdruck zu geben, da fiel ein Schatten auf die *Traudel IV*. Knurr wandte sich um und bemerkte erst jetzt den gewaltigen klipperartigen Steven eines holländischen Traditionsseglers. Ein wenigstens fünf Meter langer Klüverbaum war dem Backbordoberwant der *Traudel IV* schon verdächtig nahe gekommen. Von der Klüverbaumspitze führte eine brutal dicke Kette zum eisernen Steven, die durch die Vibrationen des Glühkopfmotors im Schiffsinneren leise, aber nun schon sehr nahe, zitterte. Ein Alptraum! Knurrs trockner Hals würgte ein leises »Marstal-Kettensägen-Massaker« heraus.

Aber das war noch nicht alles. Oben auf dem schwarzen Vordeck stand, neben einer Schar Touristen in bunten Windjacken, eine Figur mit Bart, Halstuch und gestreifter Jacke, die einen wenigstens drei Meter langen Pekhaken in den Armen hielt. Die rostige Pike zielte geradewegs auf den von Frau Knurr erst kürzlich liebevoll umhäkelten Gummifender am Heck der *Traudel IV*.

Weil der Wind ziemlich frisch ablandig wehte und für das Traditionsmonstrum wenig Spielraum zum Manövrieren blieb, war schnelles Handeln gefragt. Ehe Knurr sich versah, pfiff der tennisballgroße Takling einer dünnen Schmeißleine an seinem Ohr vorbei, die der Hafenmeister flink einsammelte, um dann an der dicken Manilatrosse zu zerren, deren ganzes Gewicht plötzlich auf dem silbrig polierten Heckkorb der *Traudel IV* zu liegen kam und an der GPS-Antenne schrappte.

Nun war Knurr wach. Auch Heinz, von den mahlenden Schraubengeräuschen des Oldtimers alarmiert, stand plötzlich an Deck. Den Motor an, die Festmacher los, war eins. *Traudel IV* machte einen völlig überhasteten kleinen Satz nach vorn, aber nur einen kleinen. Dann federte sie zurück. Das Backbordoberwant war zwar freigekommen, doch nun hing das Boot mit dem Achterstag am Klüverbaum.

Panik machte sich bei Herrn Knurr breit. »Gott verdammich«, rief er. Es waren die beiden einzigen holländischen Worte, die er kannte. »Rammadammadamma«, antwortete der nun umgesteuerte Glühkopfmotor des Traditionsseglers und schickte eine Anzahl dunkelbraune Qualmringe aus dem Ofenrohr-Schornstein. Der Pekhaken drückte gegen die Metallklampe, das Achterstag der *Traudel IV* schrappte noch kurz am Klüverbaumbeschlag vorbei, dann war es frei.

Einen Schaden gab es eigentlich nicht, aber Herrn Knurr stand der Schrecken im Gesicht. Ohne sich noch einmal umzublicken – an der Pier hatten sich schon viele Gaffer eingefunden – verholte Knurr in den Lustboote-Hafen und quetschte sich ganz hinten in ein Päckchen.

Eigentlich hatten Gustav und Heinz vorgehabt, endlich mal einen Besuch im Schifffahrtsmuseum zu machen. Aber ihr Interesse an historischen Segelschiffen war für diesen Tag gedeckt.

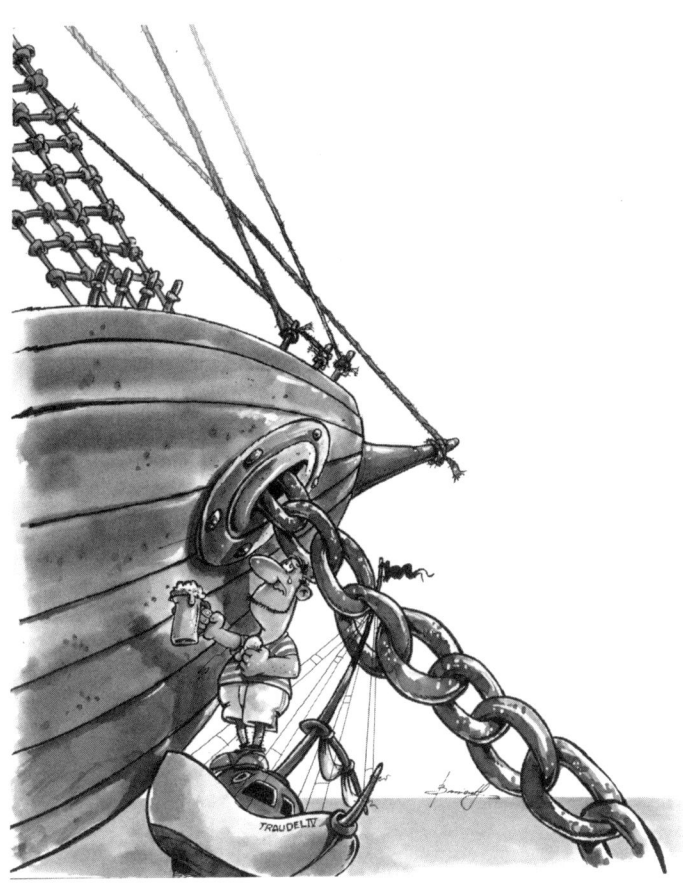

Beim Abendessen, es gab Labskaus aus der Dose mit feinen sauren Gürkchen von Aldi, holte Knurr zu einer weitschweifigen Betrachtung des Traditionssegler-Unwesens aus. Durch Incentivereisen und Schulausflüge finanziert, schimpfte er, würden friedliche Häfen verstopft und eine falsche Seefahrerromantik vorgespiegelt. Reiner Kommerz! Knurr fand, die Traditionsfreaks aus den deutschen Museumshäfen seien auch nicht viel besser: Denken, sie hätten die Seefahrt erfunden und sind doch nur Kulisse für Hafenfeste, zwischen qualmenden Schwenkgrills und Bierschwemmen (wobei Knurr gegen Bierschwemmen eigentliche keine Einwände hatte).

Später am Abend sind sie dann noch zu Fuß an die Pier gegangen, sich den Traditionssegler aus der Nähe ansehen. Aus der Ostsee stieg der Mond. Es roch nach Öl und Erbsensuppe und Schiemannsgarn. Achtern saß der zottelige friesische Skipper und spielte auf der Ukulele. Die Incentive-Reisenden in ihren bunten Plastikjacken machten runde Gesichter wie zu Weihnachten. Der Mann mit dem Pekhaken wriggte das Beiboot durch den Hafen. Alles war friedlich, nur Gustav nicht.

»Dumm wriggt gut«, sagte er.

Das fand Heinz etwas übertrieben.

Achse des Bösen

Alles wird teurer«, stöhnte Frau Traudl Knurr nach dem Einkauf für den Törn von Grömitz zur dänischen Südsee. Was so nun auch nicht stimmte, denn der neue Roman von Rosamunde Pilcher »Schneesturm im Sommer« (für den sich Herr Knurr aus meteorologischer Sicht brennend interessierte) kostete immer schon siebzehnfuffzig, wenn auch jetzt nicht mehr in Mark, sondern in Euro. Im Prinzip empfand Herr Knurr ebenfalls eine schleichende Kaufkraftentwertung, wobei er anfangs drei Schuldige fest im Visier hatte: Osama Bin Laden, Saddam Hussein und Ron Sommer, die seiner Meinung nach jeder ihr eigenes Süppchen kochten, um unsere westliche Weltwirtschaftsgemeinschaft zu destabilisieren. Seit dem Grömitz-Wochenende gesellt sich zu Knurrs Achse des Bösen aber noch ein weiterer Name hinzu, und zwar der von Rolf-Rüdiger Wickmann-Winter. Das kam so.

Die Marina von Grömitz verließ Knurr an jenem Sonnabendmorgen zugleich mit einem Schwall knatternder Powerboote. Es war noch recht flau. Knurr stand mit der Morgenbuddel Bier in der Rechten am Ruder und machte mit 1800 Touren unter Maschine Kurs Nord. Frau Knurr hatte auf dem Vordeck schon mal das Großsegel gesetzt und dankte dem lieben Gott für die Erfindung der Rollfock.

Es war wirklich ein wunderbarer Morgen, obwohl sich Knurr ein wenig über das betont unseemännische Verhalten an Bord eines heulenden Motorbootgeschosses ärgerte, auf dessen Bug eine halb oder vielleicht sogar völlig unbekleidete blonde Nixe saß. »Unverantwortlich, dieser Leichtsinn«, dachte Knurr bei sich. »Ein Fall für die Polizei!«

Während die Segelyacht *Traudel IV* ruhig brummend nordwärts strebte, Frau Knurr eben zum Ausschütteln der Kojendecken unter Deck verschwunden war und Herr Knurr überlegte, ob der Westwind schon genügend Kraft zum Segeln bot oder ob er vor dem Segelsetzen noch eine zweite Buddel Bier schlucken sollte, da riss ihn eine kalte Megafonstimme aus seiner Segelträumerei. »Segelyacht *Traudel IV*, bitte stoppen Sie«, dröhnte es.

Von Knurr unbemerkt war achtern das WP 99 *Grömitz* aufgekommen. Als *Traudel IVs* Motor gestoppt und die Yacht längsseits der Ordnungshüter zum Stillstand gekommen war, begann Knurrs Schrecken einem aufsteigenden Groll Platz zu machen. Doch hielt die nachdrücklich auftretende Staatsmacht Knurrs Überdruckventil einstweilen verschlossen.

Nun näherte sich dem Cockpit der *Traudel IV* das Halbrund eines Netzkeschers. »Bitte Ihren Führerschein«, kam die Aufforderung. Knurr gab die Anweisung gleich weiter an seine Frau, die folglich das Schapp mit den Schiffspapieren öffnete. »Doch nicht da!«, schnauzte ein nun sichtlich unter Stress stehender Knurr sie an. »In meiner Brieftasche!«

Frau Knurr fand die Brieftasche sofort und begann in den Fächern mit der Suche nach dem Sportbootführerschein: Personalausweis, ADAC-Mitgliedskarte, Klubkarte, EU-Autoführerschein, Wagenpapiere, Eurocard, DAK-Karte, Goldene Karstadt-Kundenkarte, ein Kassenbon von Aldi, 100 Euro in Scheinen sowie eine Bewirtungsrechnung – 2 Menus, 4 Gläser Sekt, 1 Flasche Weißwein, 2 Dessert, 2 Espresso – des bekannten Ristorante »Portofino« über insgesamt 102,64 Euro; aber einen Sportbootführerschein fand sie nicht.

Während Frau Knurr suchte, bemühte sich Gustav Knurr, seinen Mund und seine Yacht im Zaum zu halten und das im auffrischenden Wind schlagende Großsegel zu bergen, insge-

heim hoffend, die Polizei würde ablassen von ihm. Tat sie aber nicht.

Traudel Knurr rief von unten: »Kann ich nicht finden!« Knurr, der wusste, dass seine Frau immer alles findet, selbst was sie nicht finden soll, begann zu dämmern, dass er seinen Seetörn ohne Schiffsführungsdokument angetreten hatte. Dabei war er im Verein damals der Erste gewesen, der seinen Sportführerschein beantragt hatte. Niemals wieder hatte ihn jemand nach dem Papier gefragt. Ja, wo mochte es überhaupt stecken?

Kleinlaut gab er die Nachricht zum WP 99 weiter. Offenbar hatte man diese Antwort bereits erwartet. In Nullkommanix schwenkte ein Kran das Schlauchboot der *Grömitz* zu Wasser, und drei Mann Amtspersonal gingen längsseits der *Traudel IV*.

Knurr schwirrte es im Kopf. Durften die ihn hier eigentlich entern wie einen verdammten Drogenschmuggler? War sein Schiff nicht exterritoriales Gebiet, auf dem er, Gustav Knurr, in seiner Eigenschaft als Master next to God, alleiniges Verfügungsrecht besaß? Und wieso gerade ihn, wo die verdammten Motorbootfahrer... Knurr fiel aber nichts anderes ein, als den sein Cockpit enternden Beamten nach seiner Visitenkarte zu fragen. »Hauptwachtmeister Rolf-Rüdiger Wickmann-Winter« las er auf dem Karton.

Der Amtmann prüfte den Personalausweis Knurrs und glich die Daten telefonisch mit dem Computer ab – »mit der Verbrecherkartei«, wie Knurr später meinte. »Sie haben verstoßen gegen Paragraf 1234, Absatz 9, der SeeSchO«, sagte Wickmann-Winter.

Knurr kannte keinen Paragrafen 1234, vermutete aber dem Gesicht nach, das der Hauptwachtmeister aufsetzte, dass es sich dabei um einen Fall von Verführung Minderjähriger handeln müsse. »Wo ist der Kegel, der bei der Fahrt mit Segel und Motor zu setzen ist?«

Knurr war sprachlos und atmete erst schwer ein und dann schwer wieder aus. Ein Schwall alkoholgeschwängerter Atemluft umwehte Hauptwachtmeister Wickmann-Winter. »Haben Sie Alkohol zu sich genommen?«, fragte dieser. »Nö«, meinte Knurr, während die umgestürzte Bierflasche in der Backskiste hin und her kollerte, »nur Hustensaft.«

Jedenfalls hatte Knurr das Glück, mit einem Bußgeld abgefertigt zu werden. Er schloss messerscharf, dass auch die staatlichen Stellen die Teuerung spürten und nach Refinanzierungsmöglichkeiten suchten – »mit Piratenüberfällen!« Aber Knurr war ja nicht auf den Mund gefallen! Von wegen Hustensaft und so!

»Plopp«, machte die nächste Buddel und Knurr spürte schon wieder Oberwasser, als Frau Knurr mit der Bewirtungsrechnung aus der Brieftasche den Niedergang heraufkam.

»Sag mal«, fragte sie scheinheilig, »wann waren wir eigentlich das letzte Mal im Ristorante Portofino?« Knurr verfluchte sich insgeheim wegen dieser kleinen Eskapade mit der Bedienung aus dem Eisladen am Hafen. Er hatte die Rechnung doch nur wegen der Steuer eingesteckt, vorsichtshalber. Knurr bekam einen fürchterlichen Hustenanfall und dachte noch, dass die Ausrede mit dem Hustensaft eine Lachnummer gewesen war gegen die Antwort, die ihm jetzt einfallen musste.

Ist ja nur
eine kurze Bö

Gustav Knurr ist ein Segler wie er im Buche steht. Den C-Schein hat er jedenfalls nicht im Lotto gewonnen. Sein Büchlein mit den Meilenbestätigungen ist randvoll bis zur letzten Seite. Er ist auch schon manchem Ungemach auf See begegnet, etwa seinem Intimfeind: dem inneren Schweinehund.

Letztes Jahr hieß das Ziel Bornholm. »Mit einem kleinen Nachttörn mal eben rüberrutschen«, hatte Knurr seiner Frau Traudel verklickert. »Den schönen Sternenhimmel sehen und eine romantische Nacht auf See verbringen.«

Für Romantik war Frau Knurr immer zu haben.

An einem warmen Sommertag lief die *Traudel IV* von Travemünde aus. Ein sanfter Südwestwind schob die Yacht entlang der Küste Mecklenburgs. Alles schien so friedlich an Bord der *Traudel IV*. Knurr döste in der Nachmittagssonne vor sich hin, die Pinne unter der Achsel eingeklemmt, ein Häufchen Glück, in Frieden mit sich und der Welt.

Navigation? Zum Mitkoppeln verspürte Knurr gerade überhaupt keine Lust. Sie segelten ja in Landsicht. Seemannschaft? Alles klar! Das Großsegel hing zwar ein bisschen schlapp am Mast und das Fall war auch nicht gerade perfekt aufgeschossen. So what! Die Luvschot der Genua klemmte hinter der Vordecksluke. Kein Problem. Eine Wende war ja die nächsten 24 Stunden nicht zu erwarten und sowieso, die sechseinhalb Meter bis aufs Vorschiff, die schienen Knurr so kräftezehrend wie ein Fußmarsch durch die Sahara. Die Leine für das erste Reff… – also, ein Reff brauchte man ja heute wirklich nicht!

Frau Knurr hingegen verbrachte den Nachmittag in der Kombüse. Sie schmierte Brote und verpackte sie in Tupperware-Dosen. Thermoskannen füllte sie mit Tee und heißer Brühe und schüttelte die beiden Daunenschlafsäcke auf, zurrte die Leesegel im Salon und legte das Ölzeug zurecht.

Knurr grinste sich eins: Denkt wohl, wir wollen um Kap Hoorn segeln. Aber so sind Frauen, trauen dem Skipper nie.

Es briste auf. Knurr freute sich über die frischere Luft, den ersten Urlaubstag und die rasche Fahrt. Die dunklen Wolken über Land ignorierte er und redete sich ein, es sei die hereinbrechende Abenddunkelheit. Im Übrigen war noch alles sehr weit entfernt. Knurr verspürte überhaupt keine Lust, irgend etwas anderes zu bewegen als die rechte Hand an der Pinne und die linke an der Sherrybuddel. Ja, er fühlte sich von Wohlgefühl wie gelähmt.

Irgendwo in seinem Innersten sagte es zwar »man müsste jetzt…«. Aber man tat nicht. Längst hatte der innere Schweinehund das Kommando an Bord übernommen. Ein Schluck aus der Sherryflasche verdrängte die böse Kreatur aus dem Gewissen.

Die Sonne stand schon ziemlich tief im Nordwesten, als die erste Gewitterbö sich als ein dunkler Schatten auf dem Wasser ankündigte. Knurr fiel etwas ab, um den Winddruck in Speed umzusetzen. Aber, leider, leider, die *Traudel IV* war keine Gleitjolle. Sie erreichte ihre Rumpfgeschwindigkeit und begann mächtig zu schäumen und zu spritzen.

»Ist ja nur eine kurze Bö, wird sich schnell auswehen«, sagte Knurrs innerer Schweinehund. So verkeilte sich Knurr im Cockpit und hielt die Pinne noch fester. Dabei dämmerte ihm, dass jede Arbeit, die er von nun an aufschob, sich dreimal rächen würde. Aber hatte der innere Schweinehund nicht recht? Ließ der Wind nicht tatsächlich gerade jetzt etwas nach?

Die zweite Bö trat *Traudel IV* mit solcher Macht in die Segel, dass die Talje des Baumniederholers ausrauschte und der Großbaum hochklappte wie ein Bahnschranke. Mit dem sackartig gebauschten Tuch war *Traudel IV* kaum noch auf Kurs zu halten.

»Jetzt ist es sowieso zu spät«, sagte der innere Schweinehund. »Abwarten, bis die Bö vorbei ist, und dann das Schiff in Ruhe für die Nacht fertig machen.«

Die dritte Bö kam mit einer Rückdrehung, sodass *Traudel IV* eine veritable Patenthalse hinlegte und sich flach aufs Wasser packte. Knurr erfasste ein kleines bisschen Panik. Doch erst der nun einsetzende Platzregen ließ den erfahrenen C-Schein-Inhaber aus seiner Lethargie erwachen. Mit einem Satz sprang der innere Schweinehund über Bord und Knurr auf die Beine.

Die Situation war außer Kontrolle geraten. Genua einrollen? Ging nicht. Das Segel stand back, weil die Luvschot noch unklar war. Also erst mal den wild knatternden Großsegelsack losschmeißen. Knurr robbte nach vorn und löste das Fall. Es sauste auch sofort los, bis nach einem Meter die zum Knäuel vertörnte Leine in der Durchführung zum Mast stecken blieb. Knurr bändselte und zunzelte und zupfte und schimpfte. Es dauerte eine Ewigkeit, bis die Wuhling enttörnt war und das Großsegel niederrauschte.

Knurr kraxelte nun auf das abgrundschiefe Vorschiff. Die im Vorluk verklemmte Genuaschot hielt das Segel back. Mit Muskelkraft war hier kaum etwas zu machen. Eimerweise pladderten Regen- und Seewasser durch die Decksöffnung auf die Kojenpolsterung. Gustav Knurr zückte sein Takelmesser und säbelte die funkelnagelneue Schot durch, wobei er sich grimmig der Metapher »Segeln-heißt-unter-der-kalten-Dusche-stehen-und-100-Euro-Scheine-zerreißen« erinnerte.

Knatternd wehte die Genua aus. Das Boot richtete sich auf, und endlich erschien auch Frau Knurrs sorgenvolles Haupt im Niedergang.

»Alles in Ordnung«, knurrte Knurr. An Deck der *Traudel* IV sah es hingegen aus wie auf der *Victory* nach der Schlacht von Trafalgar. Erst als es dem Skipper gelungen war, die Genua einzurollen und das Großsegel notdürftig beizubändseln, kehrte Ruhe an Bord ein.

Herr Knurr war nun klitschnass. Er zitterte vor Kälte, aber mehr noch vor Wut auf den inneren Schweinehund. Mit klammen Fingern warf er den Motor an und bat Frau Knurr, für ein Weilchen die Pinne zu übernehmen. Das machte sie gern, schön warm verpackt in Faserpelz und Ölzeug, Kurs auf den nächsten Hafen.

In aller Eile bestimmte Knurr noch Ort und Kurs der Yacht, GPS sei Dank, um sich dann eine heiße Brühe aus der Thermoskanne zu genehmigen und für ein Weilchen im kuscheligen Schlafsack aufzuwärmen, während es an Deck weiterhin heftig pladderte.

Irgendwie sind Frauen bevorzugt, dachte Knurr. Verfügen über einen siebten Sinn und kennen gar keinen inneren Schweinehund. Doch bevor er das ungerecht finden konnte, war er schon eingeschlafen.

Jedes Wetter, jederzeit

Im Januar, es regnete täglich, hatte Herr Gustav Knurr mit der konkreten Planungsphase seines Sommertörns begonnen. Den Boden im Arbeitszimmer bedeckten Seekarten, Handbücher und Tidentabellen. Von nun an verbrachte Knurr fast jeden Abend mit Zirkel, Kursdreieck, Bleistift und Radiergummi auf den Knien in seinem gemütlichen Heim, während die Regenflagen ans Fenster klatschten.

Im Februar, es stürmte und schüttete Rekordmengen vom Himmel, hatten Herr und Frau Knurr bezüglich des Reiseziels eine grundsätzliche Übereinkunft gefunden: das Vereinigte Königreich. Frau Knurr träumte schon von der mildgrünen südenglischen Landschaft, den Blumen, Herrenhäusern und gepflegten Menschen, die sie aus den Romanen von Rosamunde Pilcher kannte. Gerade war im Fernsehen »Wenn nur die Liebe zählt« gezeigt worden. Ihr Mann hingegen dachte eher an eine zünftige Fahrt in schottische Gewässer, auf den Spuren des Segelromans »Der keltische Ring«, obwohl ihm zehn Meter Tidenhub genauso unheimlich schienen wie das Monster von Loch Ness.

Im März, es stürmte weiter, Regen und Schnee wechselten sich ab, war die Reiseplanung im Wesentlichen abgeschlossen.

Im April, erbsengroße Hagelschlossen ballerten ans Fenster, kamen Knurr erste Bedenken hinsichtlich einer Reise in ein wettermäßig gesehen eher unzuverlässiges Gebiet wie das in der atlantischen Tiefdruckrinne liegende Vereinigte Königreich.

Dann kam der Mai. Auf der Rückseite eines Sturmtiefs fächelte arktische Kaltluft durch die mit Tesamoll gefütterten Fensterritzen von Knurrs bürgerlichem Anwesen. Knurr wartete noch immer auf die alljährliche Langfristprognose in der YACHT. Das Ergebnis sollte, in Absprache mit seiner Ehefrau, die endgültige Entscheidung über das sommerliche Reiseziel bringen. Aber die YACHT war in diesem Jahr spät dran und so wurde Knurr selbst meteorologisch aktiv.

Einen Anruf beim Deutschen Wetterdienst von Dr. Uwe Wesp verhinderte Frau Knurr, weil sie in der BILD-Zeitung gelesen hatte, dass der DWD dazu neigt, Orkantiefs glatt zu übersehen. Jörg Kachelmann schied aus, denn der moderierte derzeit vom Leuchtturm auf Hiddensee, wie Knurr im Morgenfernsehen verfolgen konnte. Wetterbauer Unkelbach aus Uelzen wäre zwar bezüglich gewisser meteorologischer Fragen zur Rübenernte in Betracht gekommen. Mit dem für Knurr wichtigen Begriff »Beaufort« wusste er leider nichts anzufangen.

Blieb noch Segelkamerad Heinz. Im Verein war er bekannt für seine exzellente Trefferquote bei der Wettervorhersage, hatte sich aber an einem Grog-Abend zu vorgerückter Zeit verplappert. Er verstand von Meteorologie nämlich gar nichts, wie er zugab, und war nur deshalb so überaus erfolgreich, weil er für seine Prognose stets das genaue Gegenteil des amtlichen Wetterberichtes wählte – mit verblüffendem Erfolg.

Knurr zog den Hundertjährigen Kalender zu Rate und schließlich sogar die Weissagungen des Nostradamus, ebenfalls ohne Erfolg. Der Hundertjährige war so aufgebaut, dass sich quasi jedes Wetter zu jeder Zeit extrapolieren ließ, bei Nostradamus regnete es ständig Feuer und Schwefel vom Himmel, selbst im Sommer.

Knurr versuchte sich dem Problem nun mithilfe aus dem Internet entnommener statistischer Werte zu nähern. Für Edinburgh etwa liegt die mittlere Lufttemperatur im Juli bei 14,8 Grad Celsius, die des Wassers bei 15 Grad und die Sonnenscheindauer bei

5,4 Stunden, was zum sofortigen Abbruch aller diesbezüglichen Reisepläne führte.

Frau Knurr triumphierte. Allerdings nur für kurze Zeit. Southampton in Südengland verzeichnete für den gleichen Zeitraum eine Lufttemperatur von 17,2 Grad C, bei täglich 6,5 Stunden Sonnenschein. Die Wassertemperatur war hier übrigens zu vernachlässigen, da weder Gustav noch Traudel Knurr badeten – die Folge einer als nachhaltig schmerzhaft empfundenen Kollision mit einer Feuerqualle vor Grömitz.

17,2 Grad ist eigentlich kein schlechter Wert, meinte Frau Knurr, entsprach aber nicht ihrer Vorstellung von einem »Sommer«-Urlaub, trotz guter Ozon- und Pollenflugprognose an der südenglischen Küste. Schon begann Traudel Knurr den Wahrheitsgehalt von Rosamunde-Pilcher-Romanen anzuzweifeln, wo es nur gelegentlich und bei großer Gefühlsaufwallung zu atmosphärischen Ergüssen kam. Knurr errechnete: 17, 2 Grad, das ist noch ein Grad weniger als etwa Kopenhagen anzubieten hätte. Aber da kann man bei schlechtem Wetter wenigstens ins Tivoli gehen, und die dänische Krone ist längst nicht so teuer wie das Pfund.

Genau gesehen wäre Herr Knurr auch nie auf die Idee mit der England-Reise gekommen, zumal er wusste, dass die Briten wegen der heimischen Witterung im Sommer nach Mallorca umziehen. Aber war nicht letzthin in allen Presseerzeugnissen zu lesen, dass der globale Klimawechsel schon weit fortgeschritten ist? War nicht eben erst ein wesentlicher Teil des antarktischen Kontinents abgebrochen und schmolz so vor sich hin? Hatte sich nicht auch der weiße Winter im Norden längst in graues Wasser aufgelöst?

Insgeheim träumte Knurr schon von Palmen an der Grömitzer Promenade, von Weinreben auf Helgoland und von einer um wenigsten zwei Monate verlängerten Segelsaison. Und mit nur einem miniwinzigen kleinen Grad Celsius mehr im Jahresmittel könnte sogar aus England eine für den Homo Sapiens bewohnbare Insel entstehen.

Traudel Knurr war anderer Ansicht. Ein Grad globaler Erwärmung mehr? Das wäre verheerend für das Klima auf der Welt, meinte sie. Die schmelzenden Eisschollen in der Antarktis seien ja nur der Auftakt zu gewaltigen Flutwellen und irrsinnigen Stürmen, die aus dem Wetterchaos herausbrodeln. Und an allem sei der Mensch schuld, mit seinen Treibhausgasen und CO-Emissionen.

Knurrs Bedauern für die sich auflösende antarktische Eisplatte hielt sich in Grenzen. Und ein kleines Ozonloch über dem Südpol machte ihm auch keine Bange, wenn dabei die Aussicht auf wärmere Temperaturen im Sommerurlaub überwog. Einen steigenden Pegelstand der Weltmeere, wie Frau Knurr voraussagte, fand er so schlecht nun auch wieder nicht, weil sich seiner Yacht *Traudel IV* mit immerhin einsachtzig Tiefgang dadurch manch hübscher neuer kleiner Hafen in der Ostsee eröffnen würde – und vielleicht sogar noch in diesem Leben ein wohltemperierter Besuch in England.

Ja, konnte man der Sache nicht selbst ein klitzekleines bisschen nachhelfen, dem Sommer sozusagen unter die Arme greifen? Etwa indem man morgens den Motor zur CO-Erzeugung schon mal eine Stunde früher warmlaufen ließ? Oder die Treibgasdose mit dem Nebelhorn ein wenig länger drückte? Knurr meinte sogar mithilfe der bekannten, durch verschärften Biergenuss auftretenden Gärvorgänge in seiner Perestaltik gestaltend auf den Ozonwert einwirken zu können.

So sorry, aber vielleicht würde es dann mit England klappen. Oder wenigstens mit den Palmen in Grömitz.

Logbuch des Lebens

Die Segelsaison neigte sich dem Ende zu. Der Segler Gustav Knurr fummelte mit klammen Fingern an Wanten und Stagen seiner Yacht *Traudel IV* herum. Ungeduldig stand der Hafenmeister am Kran und wartete, den Mast zu ziehen. Ab ins Winterlager!

Am Abend hatte sich Knurr brummelig in eine Ecke seines Wohnzimmers zurückgezogen. Frau Knurr fühlte sich beim Gedanken an den Saisonausklang eher etwas erleichtert. Sie verfolgte im Zweiten Deutschen Fernsehen eine wirklichkeitsgetreue Darstellung menschlicher Konflikte in der Literaturverfilmung »Der Preis der Liebe« ihrer Lieblingsautorin Rosamunde Pilcher.

Knurr errechnete, dass bis zum ersten Törn des neuen Jahres überschlägig 210 Tage vergehen würden. 210 kalte, graue, regnerische Tage, gefüllt mit Rosamunde Pilcher und diversen familiären Verpflichtungen. Ein Albtraum!

Gustav Knurr dachte, er sei ja nun nicht mehr der Jüngste und zählte nach, wie viele Segelsommer allenfalls noch vor ihm lagen. Mehr als dreißig Jahre an Schot und Pinne trug er auf dem Buckel. Mein Gott, was für eine Erfahrung sich da angesammelt hatte! Er wäre gern bereit gewesen, ein wenig von diesem Schatz an Erkenntnissen abzugeben. Es fragte ihn nur niemand. Und gerade deshalb: War es nicht langsam Zeit, das Haus zu bestellen und etwas für seinen Nachruhm zu tun? Verlangte die Segelwelt nicht schon lange nach einem Knurr'schen »Logbuch des Lebens«?

Knurr schnappte sich aus dem Bücherregal einen Stapel Fotoalben und die Logbücher der Yachten mit dem Namen *Traudel* sowie einen Schreibblock mit klein kariertem Papier.

Die Erinnerungen waren plötzlich ganz präsent. Besonders die unangenehmen. Ach herrjeh, wie sie da, kurz nach der Wende, bei Hiddensee Nord auf Schiet gelaufen waren. In der DDR war ja an allem gespart worden, selbst an den Fahrwassertonnen. Eine dicke Berliner Motoryacht musste *Traudel IV* zurück in tiefes Wasser ziehen. Ziemlich peinlich die Sache. Knurr trug den Zwischenfall damals nur mit Bleistift ins Logbuch ein. Die Seite fand er jetzt gleich wieder. »Leichte Grundberührung bei der Einfahrt« stand da. Aber, war das was für die Öffentlichkeit?

Es gab natürlich auch romantische Augenblicke. Zum Beispiel diesen lauen Abend vor Anker. Frau Knurr hatte bei Sonnenuntergang von Land aus eine fotografische Aufnahme gemacht. Mit etwas Fantasie ließ sich der weiße Punkt im Hintergrund des Bildes als *Traudel IV* ausmachen. Etwas später war Traudel I ganz dicht an ihn herangekuschelt, was, wie Knurr einfiel, in den letzten Jahren recht selten geschehen war. Sie hatte noch in den Himmel geschaut und geflüstert: »Die Sterne! Sieh doch nur, Gustav, die Sterne!« So schön wie diese Nacht gewesen ist, das konnte kein Foto beschreiben. Selbst Rosamunde Pilcher nicht.

Die Lieblingsaufnahme von Herrn Knurr sah ohnehin ganz anders aus. Es war ein Portrait, welches Traudel Knurr vor vielen Jahren bei hereinbrechender Dunkelheit mit Blitzlicht aus dem Niedergang heraus geschossen hatte. Erst war Knurr wütend gewesen, weil ihn der Blitz so blendete, dass er fünf Minuten lang die Kompass-Striche nicht erkennen konnte und vom Kurs abkam. Aber später fand er, dass ihn die Aufnahme recht gut traf. Nämlich so, wie Knurr sich am liebsten sieht: die Schiffermütze im Gesicht, die Wangen tief gebräunt, den Blick nach vorn gerichtet, mit einer gewissen Entschlossenheit im Ausdruck. Man kann das kaum vergleichen, aber bestand da nicht doch eine Ähnlichkeit mit dem Filmhelden Marlon Brando in »Meuterei auf der Bounty«?

Gustav Knurr konnte sich die Farbaufnahme gut als Titelblatt für sein Buch mit Segelerinnerungen vorstellen. Leider leuchteten seine Pupillen knallrot im Blitzlicht. Dadurch erschienen die Augen des Skippers ziemlich zombiehaft. Frau Knurr war eben nur eine Amateurfotografin.

Um aus dem geplanten Werk »Gustav Knurr, Logbuch des Lebens« einen Bestseller zu machen, bedarf es natürlich eines zusätzlichen Kaufanreizes für den Leser. Gerade in der heutigen Zeit, wo sich immer die Marktschreier durchsetzen. Deshalb sann Knurr nach verkaufsfördernden Maßnahmen.

Weltumsegelungen, Entdeckungen und Rekorde konnte er nicht bieten. Mal abgesehen von der Rekordmenge an Spirituosen, die im Laufe der Jahre durch Knurrs Leber geflutet war. Er hatte auch keinen unbekannten Knoten entdeckt oder ein neues Ankerpatent entwickelt. Hingegen – Frau Knurr bereitete im Kattegat einmal sehr leckere Variationen von selbst gefangenem Plattfisch zu. Ob sich durch ein Kapitel mit gutbürgerlichen Rezepten vom Butt die Buchauflage erhöhen ließe? Aber gab es nicht überhaupt schon einen Titel vom »Butt«?

Knurr nahm sich vor, das Buch vom »Butt« mal auf seine Rezepte hin zu überprüfen.

Vielleicht wäre ein abenteuerliches Element doch zugkräftiger? Gern las Knurr von Sturm und Bewährung und Rettung aus Seenot. Also, von einem Sturm wusste er selbst zu berichten. Kiel Radio meldete damals 9 Windstärken. Knurr mittendrin Von den Seen riss es die Kämme ab, in der Takelage kreischte es wie bei Kap Hoorn und Knurr hatte nass und ziemlich verzweifelt im Cockpit gesessen, mit der Angst, wie lange seine *Traudel III* das Unwetter wohl aushalten würde. Damals, im Hafen von Anholt. Verkaufsfördernd ertrunken ist allerdings niemand, meinte sich Knurr zu erinnern. Nur die Fender waren hinterher platt wie Flundern.

Doch soll man dem Leser mit solchen Schilderungen Angst machen? Ist ja wirklich keine Werbung für den Segelsport.

Ein Druckwerk zu konzipieren war doch komplizierter, als Knurr anfänglich vermutet hatte.

Da ging es ihm wie ein Blitz durch den Kopf. Sex! Natürlich, das war's! Sofort erinnerte sich Knurr an das Erlebnis in jenem kleinen dänischen Hafen. Eine verdammt hübsche »pige« war das gewesen, die später sogar mit an Bord kam. Passiert ist eigentlich nichts. Heinz schlief wegen der vielen Tuborg gleich ein und schnarchte im Salon, während Gustav mit der »pige« ein bisschen im Cockpit herumschnäbelte. Nicht so wie der deutsche Verteidigungsminister, Gott bewahre! Aber doch immerhin so, dass Herrn Knurr bei dem Gedanken, Frau Knurr könnte von der Sache Wind bekommen, recht mulmig zumute wurde. Das ging nun mal gar nicht. Deshalb eignete sich die Sache fürs Buch eher weniger.

Gustav Knurr gingen an diesem Abend noch viele kluge Gedanke durch den Kopf. Manch feinsinnige Beobachtung fand sich im Schatzkästlein seiner Segelerinnerungen. Doch das Papier vor ihm blieb unbeschrieben. Mit dem Gedanken an einen rotglühenden Sonnenuntergang und nun auch sehr milde gestimmt schlief Knurr schließlich ein.

Es lagen ja noch 209 kalte graue Regentage vor ihm. Viel Zeit, um am 1. Kapitel seines Nachruhms zu stricken.

Nackt kann man
nicht fliehen

Neulich, beim Packen der Sachen für den Sommertörn, war Knurr die Gastflagge eines Landes in die Hand gefallen, das es seit ca. 13 Jahren nicht mehr gab und das ihm wie eine Mär aus längst vergangenen Zeiten schien. Das Land nannte sich »Deutsche Demokratische Republik«, kurz »De De Ärr«. Die Gastflagge zeigte auf schwarz-rot-goldenem Grund Hammer und Zirkel in einem Ährenkranz und wurde, je nach politischer Einstellung, als »Spalterflagge« oder kurz als »der Honecker« bezeichnet. Honecker war in dem Land so eine Art Bundeskanzler, nannte sich aber »Staatsratsvorsitzender«, was Knurr irgendwie würdiger fand und auch, dass Honeckers Ehefrau die toupierten Haare immer so vornehm leicht blau getönt trug.

Mit Politik kannte sich Knurr eigentlich nicht so gut aus, und deshalb erinnerte er sich heute nur recht ungenau, wieso der Honecker damals abgewählt worden war. Jedenfalls fand sich kein neuer Staatsratsvorsitzender. So wuchs die von Deutschland getrennte De De Ärr an den anderen Teil von Deutschland, in dem Herr Knurr & Herr Kohl wohnten.

Die De De Arr tauschte ihren Staatsratsvorsitzenden in einen Bundeskanzler um, die Grenzen öffneten sich und im Sommer 1990 konnte die Segelyacht *Traudel IV* erstmals auf Entdeckungskurs in den Osten gehen.

Herr und Frau Knurr zahlten damals 10 Mark (West) Eintrittsgebühr in das einst so ferne und nun so nahe Land. Dort entdeckten sie eine weitgehend unberührte Natur, lernten wieder den Anker zu gebrauchen und wunderten sich über unbekannte Sitten und Gebräuche der einheimischen Bevölkerung.

In Kühlungsborn an der Ostsee lag ein Seenotrettungsboot ohne Propeller. Der war beim Bürgermeister im Panzerschrank verwahrt, damit kein De De Ärr-Bürger sich mit dem Boot in den Westen retten konnte.

Im Restaurant »Gastmahl des Meeres« bestellte Knurr zum gebratenen Hering eine Club-Cola. Auf seinen Hinweis, die Cola sei »labbrig, weil die Kohlensäure fehle«, antwortete die Bedienung spitz: »Kohlensäure brauch'n wir hier zum Schweißen!«

Im Nothafen auf dem Darß war Knurr nachts ins Hafenwasser gerauscht, weil auf dem wackeligen Steg die meisten Bretter fehlten. Knurr beschwerte sich aber nicht beim Hafenmeister, denn einen Hafenmeister gab's nicht und eigentlich bestand am Darß ja Anlegeverbot. Weswegen eigentlich? Frau Knurr meinte, wegen der lebensgefährlichen Mücken, die ihr so groß wie Fledermäuse schienen.

In Vitte auf Hiddensee trabte Knurr mit zwei vollen Mülltüten zur Sekundärrohstoffverwertung an Land und kehrte mit zwei vollen Mülltüten an Bord zurück. Weil sein Sekundärrohstoff nicht in organischen, anorganischen und gläsernen Sekundärrohstoff getrennt war, hatte ihn der Sekundärrohstoffverwalter wieder weggeschickt. Unglücklicherweise fielen die beiden Tüten später östlich Kap Arcona in einer Bö über Bord.

Über Bord fielen auch die beiden in Binz auf Rügen erstandenen runden Brotlaibe. Sie schmeckten wie Stroh und waren nach zwei Tagen so hart wie die 38-Zentimeter-Granaten, mit denen das Schlachtschiff *Bismarck* 1941 die *HMS Hood* versenkt hatte.

Aber sonst gefiel es Knurr gut auf Hiddensee. Wenn's was zu essen gab, dann langten 10 Mark (West) für Vorspeise, Hauptgericht und Dessert und eine Flasche bulgarischen Cabernet. Kopfschmerzen gab's umsonst dazu.

Am Strand lief übrigens fast jeder nackt herum. Auch die beiden hübschen Schweißerinnen von der Volkswerft Stralsund, denen Knurr in seiner schmucken Nylon-Badehose mit den drei Streifen gegenübersaß. Die Mädchen hatten Luftmatratze, Schwimmflossen und Taucherbrille dabei. »Alles mit Tauchen war in der De De Ärr verboten«, sagte die eine. »Wegen Fluchtgefahr.« Und Knurr, der nach dem Bad in der Ostsee schon ein paar Nordhäuser Korn gezischt hatte und seine Augen mächtig im Zaum halten musste, damit sie nicht unter die Gürtellinie rutschten, fragte grinsend: »Auch Tauchsieder?«

Übrigens saßen die De De Ärr'ler nicht nur nackt am Strand, sondern auch nackt an der Pinne. Schien so eine Art Sport zu sein. Knurr meinte, das sei ein Problem der Planwirtschaft bezüglich der Beschaffung von Sommermode. Frau Knurr glaubte, das sei bewusste Politik gewesen, denn »nackt kann man nicht fliehen.«

Ein Fischer hatte ihm abends beim Klönschnack erzählt, wie die Grenztruppen der De De Ärr – war noch gar nicht lange her – zwei bei Hiddensee gestrandete, vor Kälte und Angst klappernde dänische Segler mit vorgehaltener Maschinenpistole abgeführt hatten. Also nein, menschlich war das nicht! Knurr kam richtig in Rage. Aber Frau Knurr meinte, man soll sich nicht einmischen in die inneren Angelegenheiten von anderen Ländern. Und andererseits, den Fischern von Vitte ging es ja damals so schlecht nicht. Der staatlich festgelegte wöchentliche Fangplan war meist schon am Mittwoch abgefischt, Donnerstag und Freitag gingen dann auf eigene Rechnung.

Zwecks Ergänzung der Bunkerbestände, zugleich von den Eindrücken in der De De Ärr etwas verwirrt, war Knurr mit Kurs Dänemark abgedreht. Ja, und nun waren 12 Jahre vergangen, ohne dass Gustav Knurr jemals wieder Kurs Ost gesteuert hatte. Seine Erinnerung über die Ära De De Ärr leuchtete, mit zunehmendem

zeitlichen Abstand, so golden wie der Ährenkranz in der Spalterflagge.

Daher entschloss sich Knurr, mit seiner Frau eine Revival-Tour
zu unternehmen.

Die Segelyacht *Traudel IV* passierte erstklassig herausgeputzte
Marinas mit Wasser- und E-Anschluss, und die Sekundärrohstoffverwertung nannte sich jetzt Recyclinghof oder Grüner Punkt. Der
hochglanzlackierte Seenotkreuzer von Warnemünde war nicht nur
neu, er besaß sogar zwei Propeller. Die Gourmetrestaurants boten
zwar keinen gebratenen Hering mehr an, aber dafür »Hering à la
Nelson im Speckmantel«. Nahezu vollständig von C&A-Bikinis
bekleidete Mädchen saßen am Strand, bunkern konnte Frau Knurr
wie zu Hause beim Aldi und dreimal am Tag zischten sie eine
prickelnd-kalte Coca Cola. Nach drei Tagen fragte sich Knurr, wo
denn eigentlich »die ehemalige De De Ärr« beginnen würde.

Erst am vierten Tag zeigte sich die Staatsautorität. Dokumen-
te waren zu stempeln, Fragen zu beantworten, die Stege wurden
wackeliger, die Ankerbuchten stiller, die Mücken größer. Aber da
waren sie schon in Polen.

Die Segnungen der Abenteuer des Unbekannten? »Schön und
gut«, meinte Frau Knurr, »aber Aldi um die Ecke hat auch seine
Vorteile.«

»In 13 Jahren sieht das alles ganz anders aus«, meinte Knurr und
setzte die rot-weiße Gastflagge unterm Want und am Heck eine
neue Nationale: die blaue Europaflagge mit dem schwarz-rot-gol-
denen Kästchen in der Ecke. Er wollte noch sagen: »Es wird zusammenwachsen, was zusammengehört.«

Aber weil er nicht wusste, ob das politisch korrekt war, sagte er
lieber nichts.

Schlange aus Manila

Unter rein handwerklichen Gesichtspunkten gesehen ist Herr Gustav Knurr nicht gerade das, was man als eine Kapazität bezeichnet.

Dennoch war es ihm nach mehrjähriger Pause erst im letzten Winter wieder gelungen, eigenhändig einen Ölwechsel am Motor seiner Yacht *Traudel IV* vorzunehmen. Was ihn dabei erstaunte, waren Farbe und Konsistenz des Schmiermittels. Er hatte sich Öl immer so goldklar vorgestellt, so wie in der Moulinex-Heimfriteuse seiner Frau Traudel. Stattdessen tropfte eine geruchsintensive teerartige Substanz in die untergestellte Wanne. Sie erinnerte Knurr an Nutella-Brotaufstrich. Er nahm sich daraufhin vor, einen Wechsel regelmäßig alle fünf Jahre vorzunehmen.

Gelungen war Knurr darüber hinaus die fachgerechte Behebung eines Batteriekurzschlusses. Bei Frau Knurrs erschrecktem Ruf »Feuer an Bord!« – *Traudel IV* lag in einer Position südöstlich Fehmarn und unter den Bodenbrettern qualmte es – war Knurr zunächst der Gedanke gekommen, einen »Mayday«-Ruf an die Küstenwache abzusetzen. Aus der gleichnamigen, realitätsnahen TV-Serie des ZDF wusste Knurr von der schnellen Verfügbarkeit und hohen Sachkenntnis des Küstenwache-Teams

Dann war ihm aber eingefallen, dass diese Entscheidung stromtechnisch bedingt wenig Erfolg versprach. Mit dem Lösen der Batteriekabel konnte er den Brandfall selbst beheben.

Eine gewisse Fertigkeit hatte sich Skipper Knurr über die Jahre im Entlüften der Dieselmaschine von *Traudel IV* angeeignet. Da er als ehemaliger Regattasegler ungern zuviel Ballast in den Tanks transportierte und darüber hinaus um die Endlichkeit fossiler Energieträger wusste, hatte er sich zur Regel gemacht, zu Beginn des Sommerurlaubes nie für mehr als 100 dänische Kronen Diesel zu bunkern.

Beim ersten Sommertörn war die Maschine auf der Heimreise genau unter der Brücke vom Kleinen Belt verreckt. Als die Segel standen, war *Traudel IV* bis vor die Hafeneinfahrt von Fredericia gespült worden. Dann musste Knurr noch unter Segeln in einer winzigen Marina anlegen, wobei er erst gegen einen Dalben gerumpelt und anschließend vier Kilometer zu Fuß zur nächsten Tankstelle gelaufen war. Beim anschließenden Entlüften der Maschine entstand aus dänischem Dieselöl und Knurr'schem Schweiß eine Mischung, die Frau Knurr als hochexplosiv erkannte. Sie besorgte vorsichtshalber einen Sechserpack »Tuborg Elefant«-Bier, um Herrn Knurr gegebenenfalls abzulöschen.

Zum Ferientörn im folgenden Jahr tankte Knurr für 110 Kronen Diesel und staute einen Fünf-Liter-Kanister mit Reservetreibstoff in der Achterpiek.

Was Knurr aber dauerhaft verärgerte: Der Dalben-Rumpler in der Marina von Fredericia hatte nicht nur einen Abdruck in seiner Seele hinterlassen, sondern auch zwei tiefe Striemen auf der weiß lackierten Außenhaut der Segelyacht *Traudel IV*. Hinzu kamen Kratzer an der Breitseite der Yacht, wobei sich bei jedem Einlaufen in die, wie Herr Knurr fand, allzu enge Liegebox der *Traudel IV* weitere unschöne Riefen addierten.

Knurr hatte zwar die backbords und steuerbords liegenden Einfahrtdalben schon mehrfach abgepolstert, ja, ein ganzes Sommerwochenende damit verbracht, Reste von Auslegeware aus dem Knurr'schen Wohnzimmer mit Hilfe kleiner Tapeziernägel am Dalben zu befestigen. Aber es gab halt noch so viele andere Dalben auf dem Weg in seine eigene Box, die über keine Polsterung verfügten.

Der Skipper beschloss daraufhin, *Traudel IV* selbst stoßfest zu machen. Beim Maritim-Ausrüster »Toplight« erwarb er eine unterarmdicke, grobe Manilatrosse. Es dauerte drei komplette Wochenenden und mehrere Stunden nach Feierabend, bis sich die Manilatrosse, mit Ringen und Bolzen bombensicher befestigt, wie eine exotische Schlange schützend um den Rumpf wand. Rein handwerklich gesehen ein Meisterstück!

Stegnachbar Heinz meinte zwar, *Traudel IV* sehe jetzt aus wie ein Hamburger Hafenschlepper. Knurr fand die Arbeit gut gelungen, bemerkte aber, dass seine Yacht fünf Zentimeter tiefer im Wasser lag. Heinz riet Gustav, sie saßen gerade in der Klubbar, um auf das gelungene Werk anzustoßen, er solle wegen des zusätzlichen Gewichts an Bord auf dem nächsten Törn unbedingt die Schlingerperiode der Yacht messen. Aber da lag die Schlingerperiode schon bei beiden Herren im roten Bereich.

Zur nächsten Ausreise der *Traudel IV* wehte es sehr frisch, genau aus Südwest, mithin raumschots in Bezug auf den Liegeplatz der Yacht. Durch die doppelte Polsterung mutig geworden – Teppich am Dalben, Manila am Rumpf –, gab Knurr »voll achteraus«, um die Box mit Schwung zu verlassen. Es folgten einige unvorhersehbare Ereignisse, die Stegnachbar Heinz später mit dem Begriff »Murphies Law« zusammenfasste: Es geht schief, was schief gehen kann.

Gerade als Frau Knurr die Vorleine loswarf, pfiff eine besonders unangenehme Bö heran. *Traudel IV* ging trotz »voll achteraus« auf die Drift und rubbelte mit Schwung am Backbord-Dalben entlang. Die über die Zeit etwas mürbe gewordene Auslegeware löste sich vom Holz ab und die Köpfe von drei verrosteten Tapeziernägeln schrammten auf der frisch lackierten Außenhaut entlang, etwa von der Höhe der Genuawinsch bis zu den Wanten.

Um sich im Heimathafen nicht vollends lächerlich zu machen, tat Knurr, als sei nichts geschehen. Er kehrte am Sonntagabend erst sehr spät zurück, im Schutze der Dunkelheit.

Wieso die Manilatrosse versagt hatte? Na ja, die *Traudel IV* stammte aus einer Zeit, als Yachten nach der IOR-Formel gebaut wurden, mittschiffs ausgebeult wie eine tragende Kuh. »Vermessungsbauch« nannte man das seinerzeit. Bei so einer Breite ü. a., eben oberhalb der Wasserlinie, half auch die dickste Manila-Schutzleiste ums Deck nichts.

Im Rahmen der nächsten Winterarbeiten befreite Knurr seine Yacht *Traudel IV* handwerklich-fachgerecht von ihrer Umschlingung. Die Risse im Rumpf ließ er von einem Bootsbauer verschließen und zu Weihnachten gab es vier neue, von Frau Knurr umhäkelte superweiche Kunststoff-Fender als Geschenk.

Bei hartem Südwest verbringen Herr und Frau Knurr seither das Wochenende in der Box. Ist gemütlich und spart außerdem fossile Energieträger.

Sommernacht vor Avernakö

Herr Gustav Knurr ist von Natur aus kein Mensch, der anderen etwa ein glückliches Leben, Besitz und Wohlstand neidet. Erst kürzlich hat er wieder einmal erfahren, dass ein warmer Sommerabend auf der *Traudel IV*, zu Anker in der Bucht von Avernakö, mit einer doppelten Portion Labskaus und einem Fläschchen Aquavit im Bauch, durch nichts aufzuwiegen ist – nicht durch eine Milliarde Dollar!

Als Bootsbesitzer jedoch gilt Knurr in dem Großunternehmen, für das er bis zum absehbaren Zeitpunkt seiner Frühverrentung in einer fest zementierten, hierarchisch gesehen mittleren Position tätig ist, als finanziell schwer einschätzbarer Exot. Das führte, von Gustav Knurr unverschuldet, letzthin zu einer kurzen Störung des Betriebsfriedens.

Es ist nämlich so: Was die Art der Freizeitgestaltung betrifft, finden sich in Knurrs unmittelbarem Kollegenkreis vornehmlich Gartenfreunde, Wanderer, eine Anzahl von Radlern, ein Modelleisenbahner, ein Tänzer, zwei Tennisspieler und ein ehemaliger Fußballer, Knurrs unmittelbarer Vorgesetzter, der aber neuerdings Golf spielt und mit karierten Hosen unter der Hydro-Pflanze seines Zimmers am Ende des Gangs sitzt.

Anlässlich eines Betriebsausfluges zur Kieler Woche hatte sich Knurrs Abteilung auf einem holländischen Traditionssegler eingeschifft, der zum Zeitpunkt des Zwischenfalls etwa in Höhe Laboe lag. An Bord herrschte beste Stimmung.

Backbord mittschiffs unterhielt sich Knurr väterlich interessiert mit einer recht ansehnlichen jungen Kollegin, einem Fräulein Hansen, die ihrerseits dem braungebrannten, trotz seines fortgeschrittenen Alters noch dynamisch-tatkräftig aufretenden und mit seglerischem Fachwissen glänzenden Yachtbesitzer durchaus zugetan schien. Nichts deutete darauf hin, dass die Geschicke des Anstands auch nur im Entferntesten verletzt sein könnten.

Doch ein Kollege mit Namen Lübberstedt, der seine heimliche Hoffnung, seinerseits mit Fräulein Hansen ins Gespräch zu kommen, durch Knurrs Avancen betrogen sah, fixierte das Paar verärgert mit glasigen Augen und betäubte seinen Frust mithilfe alkoholischer Kaltgetränke.

Als der bleiern vor sich hin dümpelnde Traditionssegler plötzlich in die hoch aufgeworfene Hecksee einer riesigen Skandinavienfähre geriet und die Planken unter den Füßen der Betriebsausflügler in Bewegung gerieten, griff Fräulein Hansen instinktiv nach dem schützenden Arm ihres Begleiters und kam ihm dabei sehr nah. So nah, dass Gustav Knurr für einen kurzen Moment sogar Fräulein Hansens warmen Atem an seiner Wange verspürte. Knurr, ein Gentleman, zudem mit schwankendem Boden vertraut, stand ritterlich und fest wie Käpt'n Hornblower in der Schlacht von Kopenhagen.

Was man von dem alkoholisierten Kollegen Lübberstedt nicht sagen konnte. Durch Fräulein Hansens Benehmen tief enttäuscht und den Schoß von Bier aus umgestürzten Gläsern genässt, ließ Lübberstedt sich zu einer Bemerkung hinreißen, in der sich seine Enttäuschung Bahn brach: »Knurr, dieser Segler, denkt wohl, er sei was Besseres, nur weil er mit seiner exklusiven Yacht angeben kann! Social Climber!« Wobei sich dieser englische Begriff am ehesten mit dem Begriff »gesellschaftlicher Emporkömmling« übersetzen lässt. Die Kollegen Radfahrer und der Kollege Modelleisenbahner, ebenfalls an Fräulein Hansen interessiert, murmelten verhalten Zustimmung.

Diese Worte aus dem Munde eines Kollegen zu hören, eines bekennenden Campers zudem, der sich gerade ein Wohnwagen-Gespann (Opel Omega mit Bürstner Fun 480TK Caravan) für wenigstens 40.000 Euro geleistet hatte, der erst im letzten Sommer auf einen privilegierten Standplatz der Anlage »Camping Ostsee« vorgerückt war, das verärgerte Herrn Knurr, dem Neid wie gesagt fremd war, dann doch.

Es ärgerte ihn besonders, weil der Zeitwert seiner Yacht *Traudel IV*, wie er kürzlich von der Versicherung erfahren hatte, deutlich unter 40.000 Euro lag. Und was wusste Herr Lübberstedt schon von den vielen Stunden Wert erhaltender Eigenarbeit, die er seinem Boot im Laufe der Jahre gewidmet hatte, um es so schmuck auszustatten, wie es sich heute darstellte?

Über die Sache war im Büro schnell Gras gewachsen, in Knurrs Seele aber nicht. Seine wirklich ganz uneigennützig gemeinte Überlegung, Fräulein Hansen durch eine Einladung an Bord von der Absurdität des Lübberstedt'schen Vorwurfs zu überzeugen, verwarf Knurr. Aber irgendwie war er sich nicht ganz sicher, ob nicht doch etwas dran war, an der Exklusivität des Segelsports.

Ein Blick in den Duden bestätigte diese Vermutung. »Exklusiv« stand dort zu lesen, sei das Privileg, sich »gesellschaftlich abzusondern und nur einem bestimmten Personenkreis zugänglich zu sein.« So gesehen allerdings war alles, was Knurr in seinem Leben bisher für »exklusiv« gehalten hatte, tatsächlich nicht annähernd so exklusiv wie ein Törn mit der *Traudel IV*.

Wer etwa in der Concorde von Paris nach New York fliegt, was Gustav Knurr bislang für ziemlich exklusiv hielt, der reist zwar schnell, aber er kann sich den »bestimmten Personenkreis« nicht aussuchen. Wer im Ferrari die »Moyenne Corniche« durchkurvt, hat allenfalls Einfluss auf die Besetzung seines Beifahrersitzes. Spätestens in Monte Carlo steht er mit allen anderen Verkehrsteilnehmern gesellschaftlich sehr wenig abgesondert im Stau. Und wer, den exklusiven Einlasskriterien genügend, auf den steifen

Ledersesseln der Royal Yacht Squadron zum Tee Platz nehmen darf, der wird sich vermutlich vor Langeweile in den Stau von Monte Carlo wünschen. So dachte Knurr bei sich.

Er überlegte weiter: Ist es exklusiv, einen Ferrari zu besitzen, wo Dieter Bohlen doch wenigstens zwei davon in der Garage stehen hat? Oder ist eine Luxusvilla an der Côte d'Azur exklusiv, wo sich Einbrecher und Steuerfahnder abwechselnd die Klinke in die Hand geben? Oder bedeutet eine Privatinsel in der Komorengruppe Exklusivität, wo ihm bei 14 Zentimetern Beinfreiheit im Ferienjet schon auf der Anreise die Füße einschlafen?

Wenn Knurr an eine Sommernacht auf seiner Yacht in der Bucht von Avernakö dachte, dann fühlte Gustav Knurr das Privileg einer einzigartigen Exklusivität und er schämte sich dafür nicht.

Ach ja, und seit Herr Lübberstedt nach einem Fotovergleich erkennen musste, dass der Bürstner Fun 480TK Caravan die *Traudel IV* volumenmäßig in den Schatten stellt, und seit Fräulein Hansen Frau Lübberstedt heißt, seitdem ist auch aus dieser Ecke des Büros keine Kritik mehr zu hören, und der Betriebsfrieden scheint nunmehr bis zu Knurrs Verrentung gewahrt.

Trauer im Hause Prada

Als Segler weiß Gustav Knurr jeder Jahreszeit Schönheiten abzugewinnen. Selbst der Nachsaison. Uneingeschränkt schön jedenfalls zeigte sich jener Sonntag im Spätherbst: Die Segelyacht *Traudel IV* lag schon gut verpallt im Winterlager und Frau Traudel Knurr, gewärmt von den letzten Strahlen der tief stehenden Sonne und ihrem kuscheligen neuen Norweger-Pulli, war bei Kapitel 3 von Rosamunde Pilchers Roman »Ende eines Sommers« irgendwie beseeligt auf dem Sofa eingeschlummert. Da traf der Hausherr eine weitreichende Entscheidung. *Traudel IV* sollte nicht nur glänzend in hochpoliertem Lack die neue Saison beginnen. Knurr plante auch seine Besatzung optisch so auszustatten, wie das bei den Profis üblich ist: mit einem einheitlichen Crew-Dress. Wo ist die Mode mehr zu Hause als in Italien! Also auf.

Knurr zog sich leise in sein Arbeitszimmer zurück, um im Internet zwei Flugtickets nach Mailand zu buchen. Die Flugbestätigung legte er der schlafenden Frau Knurr als Lesezeichen vorsichtig in das aufgeschlagene Buch.

Als Traudel Knurr erwachte, stand frischer Kaffee auf dem Tisch und die Überraschung war komplett. Frau Knurrs in langjähriger Eheerfahrung geschultes Misstrauen bezüglich des zu erwartenden Hakens an der Sache verflog bei dem Gedanken an die sich eröffnenden Einkaufsmöglichkeiten in der Modemetropole. Hut ab! Als Frauenkenner war Knurr taktisch gesehen eine Granate. Mit dieser Reiseeinladung erwarb er sich wenigstens zwei zusätzliche Wochenenden Freiraum für Herrentouren.

Bei der Abreise wusste Frau Knurr ziemlich lange gar nicht, was sie anziehen sollte zum Besuch in Mailand. Herr Knurr wählte seinen Blazer mit goldenen Knöpfen, die silberne Ehrennadel des Vereins am Revers, sowie sein bestes weißes Hemd, welches an einer in Höhe seiner Leber aufgestickten schwarzen Rose zu erkennen ist. Tatsächlich machte Knurr später bei den Flugbegleiterinnen einen tadellosen Eindruck, wie er fand.

Am Airport-Kiosk hatte er noch schnell ein Exemplar der maritimen Hochglanzillustrierten »boote exclusiv« zum Preise von 7,80 Euro erworben. Das Heft trug er als Ausweis seiner Weltläufigkeit gut sichtbar bei sich. Insgesamt sah Knurr richtig seriös aus. Selbst in Reihe 16 des Italo-Jumbolinos wirkte er wie ein Nautor-Swan-80-Eigner.

Noch am selben Nachmittag bummelte das Ehepaar Knurr durch die berühmte Modemeile an der Via della Spiga. Während Signora Knurr der Kopf schwirrte von dem fantastischen Angebot allerneuester Schuh-, Handtaschen- und Rock-Kreationen und ihre Raiffeisen-Eurocard wegen des heftigen Gebrauchs schon heißzulaufen begann, ging Signor Knurr einem genau überlegten Plan nach.

Und zwar: Um den Zusammenhalt der Crew seiner Yacht *Traudel IV* insbesondere während der Regatten künftig auch optisch zu demonstrieren, hatte er sich zur Anschaffung einer einheitlichen Crew-Bekleidung entschlossen. Immer nur Latzhosen und Plastik-Segeljacken mit aufblasbarer Gummilunge, das war zwar praktisch, aber ohne Chic.

Wo ließen sich bessere Anregungen für eine modische Neuheit finden als in Milano?

Knurr notierte während des Fluges aus dem »exclusiv«-Blatt einige Namen italienischer Dolce-Vita-Segler, die neben ihren vortrefflichen Yachten in Milano eigene Boutiquen besaßen. Zwar kannte er die Sportkameraden Gucci, Ferragamo, Zegna und Prada nicht persönlich, aber als Segler waren sie ja ausgewiesen, und in ihren Geschäften würde er wohl fündig werden. Sein Klubkamerad Heinz, der sogar seine Socken »beim Aldi« besorgte, meinte, Gustav Knurr habe in Modedingen »eine Klatsche«. Er jedenfalls sei Segler und kein Golfer mit karierten Hosen .

Wie dem auch sei, in Milano war das Geschäft von Gucci nicht schwer zu finden. Aber irgendwie fühlte sich Knurr fremd in diesem kühlen Etablissement. Schien ihm alles mächtig vornehm, gar nicht richtig maritim. Und die Knaben, die da zur Bedienung herumstanden, waren bestimmt auch lange nicht mehr auf dem Wasser gewesen, so blass und schmal wie die aussahen. Noch auf der Schwelle stehend machte Gustav kehrt.

Nebenan, bei Segelkamerad Salvatore Ferragamo, sah es im Prinzip nicht anders aus. Wie abgeleckt. Wenigstens entdeckte Knurr hier eine Ecke mit Beinkleidern, denen er sein Interesse widmen konnte, um dann eine Bedienung heranzuwinken. Ein zuvor in exotisches Duftwasser getauchtes Bürschchen vom Verkaufspersonal blickte zunächst dreimal gezielt an dem gestikulierenden Knurr vorbei und ließ sich dann zu einer gequälten Bemerkung herab, aus der zu schließen war, dass Hosen in der Größe von Knurrs wikingerbreiten, in vielen Stunden an der Pinne plattgesessenem Allerwertesten derzeit offenbar nicht vorrätig seien.

Ein Haus weiter, bei Ermenegildo Zegna, fand Gustav Knurr immerhin einen hübschen meerblauen Binder, von dessen Erwerb er allerdings Abstand nahm, als er den Preis von 200 000 Lire = 100 Euro las.

Jetzt stand's Knurr bis zur Halskrause! Er ließ sich von einem geschmeidigen Jüngelchen die Türe aufhalten, verließ grußlos den Raum und nahm sich fest vor, bei Prada endlich Nägel mit Köpfen zu machen. Wenigstens ein paar schnuckelig warme Pullover für seine Stammcrew sollten doch wohl zu finden sein!

Bei Prada war schwer was los, und nur mithilfe von Frau Knurrs intuitiver Kenntnis von Modeläden gelang es dem Skipper, durch Horden schnatternder japanischer Touristen zur Abteilung für

Herrenoberbekleidung vorzudringen. Was ihm gleich auffiel: Im Hause Prada musste es einen Trauerfall gegeben haben, denn das übrigens sehr blasse Personal war von Kopf bis Fuß tiefschwarz gekleidet. Auch in den Regalen dominierte die Farbe Schwarz.

Knurr, wegen der fortwährend unaufmerksamen Bedienung schon leicht angesäuert, erkundigte sich nun nach der *Abbigliamento da Vela*, der maritimen Bekleidung, und verlangte, als er erneut auf Unverständnis stieß – Trauerfall hin, Trauerfall her –, barsch nach dem Eigentümer, nämlich Herrn Prada persönlich. Schließlich, von Segler zu Segler würde es sich vernünftig reden lassen.

Frau Knurr zupfte ihren Mann verzweifelt am Ärmel.

Der Ladenschwengel glitt davon, aber Herr Prada glitt nicht heran.

Nun überschlugen sich die Ereignisse. Knurr war richtig in Rage geraten. Er griff sich die beiden einzigen Pullover aus dem Regal, die nicht schwarz waren (sondern dunkelgrau), knallte seine Eurocard auf den Tisch, das Lesegerät machte ritsch-ratsch, Knurr erhielt eine dicke Papptüte mit seiner Neuerwerbung in die Hand gedrückt, und erst nachdem er in einem *Ristorante* um die Ecke einen halben Liter *Chianti Classico* gezwitschert hatte, kam er wieder zu Sinnen.

Vor diesen Lackaffen im Laden klein beigeben? Nicht mit Knurr. Sein Stolz in Form der zwei Pullover hatte ihn zwar ziemlich genau die Summe gekostet, die er für den Ersatz der ausgeleierten Fock von *Traudel IV* eingeplant hatte. Doch was soll's? Die musste eben noch einen Sommer halten und immerhin hatte er mit seinem Kauf etwas für den Segelsport getan, indem er Herrn Pradas America's Cup-Projekt unterstützte.

Im folgenden Sommer waren Herr und Frau Knurr mit ihren wunderbar weichen *cashmere & silk*-Pullovern über der Latzhose die modischsten Segler im ganzen Verein.

Jedenfalls obenherum.

Und immer wieder geht die Sonne auf

V erdammt grau geworden draußen«, dachte Gustav Knurr. Die
Boote liegen wie tot im Winterlager oder im Nieselregen unter
der Plane auf dem Hof. Die nächste Saison scheint Lichtjahre ent-
fernt. Im Yachthafen langweilen sich ein paar Möwen und die
Stockenten paddeln lustlos zwischen den Dalben umher. Der
Hafenmeister macht Urlaub auf den sonnigen Kanaren und der
kalte Wind schiebt statt Segel nur mehr braune Blätter vor sich
her. Zwischen Totensonntag und Aschermittwoch ist an Segeln
nicht zu denken und wenn, dann allenfalls in Dimensionen von
Schleifpapier und Bootslack. Sogar das Klubhaus ist verschlossen.
Knurr war ganz grau im Gesicht und spürte Sodbrennen im
Magen.

Das Hafenhandbuch und die Seekarten hatte er auf dem Dachboden verstaut. Auf Knurrs Nachttisch lag jetzt im November, man
ist ja ungern allein in seinem Jahresendzeitjammer, die »Klage« des
rätselhaften Untergangspoeten Georg Trakl: »Des Menschen gold-
nes Bildnis/Verschlänge die eisige Woge/Der Ewigkeit. An schau-
rigen Riffen/Zerschellt der purpurne Leib./Und es klagt die
dunkle Stimme/Über dem Meer…«. Genau verstand Knurr das
nicht. Aber wie das klang! Da konnte Knurr den gütigen Hermann
Hesse schon besser verstehen, der ihn fragte: »Ist dir mein Leid ein
Leid, mein Tod ein Tod/Fühlst du von meiner Liebe, meiner
Not/Nur einen Hauch, nur einen Widerhall? Und ruhig liegt und

schweigt das Meer und lächelt: Nein/Und nirgendwo kommt Gruß und Antwort her.«

»Ja«, konstatierte Knurr und schob die Arme bis zu den Ellenbogen in die Hosentasche, »der Mann hat recht.«

Und dann noch das: Im Verein drohte die Jahreshauptversammlung. Der dicke Vorsitzende, er ist übrigens längst auf ein Motorboot umgestiegen, stellt sich in seiner dröhnenden guten Laune zur Wiederwahl und geiert gar nach einem Posten im Verband. Dabei klappt sein Revers doch jetzt schon nach vorn vom Gewicht der Gold- und Ehrennadeln, einschließlich goldenes Sportabzeichen. Als wären wir ein Handballverein. Und was der wohl von Hermann Hesse weiß! Knurr war der Verzweiflung nahe.

In der Post war die Einladung zum Winterball. Natürlich war der Eintritt schon wieder teurer geworden und überhaupt, was das alles kostet! Traudel brauchte natürlich ein neues Ballkleid und der Smoking war Knurr letztes Jahr schon zu eng. Und nicht nur das: Knurr legte die Beitragsrechnung des Klubs auf den Tisch. Eine Umlage zur Erweiterung der Steganlage! Einen vollen Jahresbeitrag sollte er als Seniormitglied spenden! War so beschlossen worden auf der Jahreshauptversammlung, die Knurr blöderweise geschwänzt hatte. Das passiert ihm bestimmt nicht wieder!

Erdmann und seine Kollegen haben es richtig gemacht, dachte Knurr. Lassen die grauen Wintertage und die sozialen Verpflichtungen einfach hinter sich und segeln um die Welt. Was ist schon Kap Hoorn gegen eine Ehekrise oder einen Bescheid vom Finanzamt? Und haben Sie mal auf die geistige Proviantliste von Erdmanns *Kathena Nui* geschaut? War in der YACHT abgedruckt. Eine halbe Bibliothek hatte der Mann dabei. Sogar Tageszeitungen. Nahrung für die Seele.

Während die Erdmänner dieser Welt in ihrem Cockpit hocken und die Sonne aufgehen sehen und wieder untergehen, die Sonne, diese warme Scheibe, an die Knurr nur noch eine ungenaue Erinnerung besaß, da klötert er mit klammen Händen zum Kai und starrt ins graue Nichts. Kommen ihm gleich wieder die richtigen Zeilen in den Kopf. Knurrs Landsmann Detlev von Liliencron fragt ja mit gutem Recht: »Was willst du hier, es droht das Meer,/Am Ufer schrecken Krüppelweiden,/Das Dasein würde dir zu schwer,/Du könntest niemals dich bescheiden./Was willst du hier?//Was willst du hier, ein schwarzer Schlaf/Erstickt das Leben aller Enden,/Kein Bahnzug rollt, kein Telegraf/Kann Grüße deinen Lieben senden./Was willst du hier?« Knurr konnte das bestätigen, es war ein Elend im November und noch weitere fünf Monate Elend voraus.

Letzten Winter hatte sich Knurr auch gefragt, was er hier im Norden sollte. Mit sechs Mann hoch ist er Weihnachten in die Karibik. Boot gechartert. Hatte gedacht: warme Sonne, feine Passatwinde, alles schön lau, Piña Colada unter Palmen, tagsüber bisschen segeln und baden. Und was war? Jeden Tag hat's gehackt. Die Sonne brannte ihm die Haut vom Leib. Nirgendwo eine richtige Kneipe, kein anständiges kaltes Bier. Die Pina Colada schmeckte wie Seifenlauge und machte ihm Kopfschmerzen. Baden wollte auch keiner. Wer weiß denn, was da im Wasser rumschwimmt? Weiße Haie und so. Nee, also die Wintermonate kann man getrost knicken, in der Ostsee wie in der Karibik.

Gustav Knurr drehte ab vom Kai und nahm Kurs auf die Gastwirtschaft »Zur Kajüte«. Wer hätte das gedacht? Nach dem dritten Halben ging die Sonne auf!

Unglückliche Umstände

Außer bei den Lebensversicherungsgesellschaften gilt Segeln als ein ungefährlicher Zeitvertreib. Todesfälle sind, zieht man die Menge der aktiven Segler als Vergleichszahl heran, eher die Ausnahme, zumal Leberschäden (nachlässigerweise) nicht in die Segelstatistik eingehen. Ebenso wenig wie die kleineren und größeren Verletzungen und Unpässlichkeiten, die jeder Segler im Laufe seines Lebens erleidet: Angelhaken im Finger, Übelkeit und Erbrechen im Kattegat, Rauchvergiftung bei unsachgemäßer Anfeuerung des Petroleumherds, Beulen am Kopf nach der Halse, Feuerquallenallergie, Dorschgräten im Schlund, Schnupfen, Bronchitis, Fußpilz.

Auch der Segler Gustav Knurr war von ärgeren Verletzungen bislang verschont geblieben. Notfalls spendete Rat Doktor Hauerts Ringbuch »Erste Hilfe auf See«, halfen ein paar Tropfen Balistrol-Waffenöl oder eine Packung Fisherman's Friend-Pastillen.

In der vergangenen Saison jedoch ereignete sich ein Unfall, der in Knurrs langjähriger Borderfahrung ohne Präzedenz ist. Erfreulicherweise sind heute, ein gutes Jahr später, die sichtbaren körperlichen Folgen des Zwischenfalls verheilt. Wenn auch nicht vergessen. Herr Knurr redet nicht gern über dieses Ereignis, das er als eine Kette unglücklicher Umstände erfahren hat.

Ein genauer Bericht des Zwischenfalls ist uns allerdings aus dem Bericht der Genossenschaftlichen Unfall-Versicherungsanstalt Paritätius bekannt. Der zuständige Sachbearbeiter für diesen Fall, ein Herr Ast, war mit dem maritimen Umfeld allerdings nicht vertraut und bat Herrn Knurr bezüglich der Unfallursache um eine zusätzliche schriftliche Klärung des Sachverhaltes.

Herr Knurr nahm sich dafür ein ganzes Wochenende Zeit und setzte folgendes Antwortschreiben auf, wobei er sich um eine dem Segelsport unkundigen Herrn Ast verständliche Sprache bemühte. Das Vorhandensein einer gewissen Menge Restalkohol im Blut zu erwähnen vergaß er, der Umstand war nach Knurrs Meinung auch nicht unfallursächlich.

Wir drucken den Brief mit freundlicher Genehmigung der Paritätius-Versicherung an dieser Stelle nach. Das Schreiben lautet:

»Sehr geehrter Herr Ast,

in Beantwortung Ihrer Bitte um zusätzliche Informationen zu meinem Unfall vom 09. 05. möchte ich Ihnen Folgendes mitteilen:

Bei Frage 3 des seinerzeit eingereichten Unfallberichtes habe ich »ungeplantes Handeln« als Ursache meines Unfalls angegeben. Sie baten mich, dies genau zu beschreiben, was ich hiermit tun möchte.

Ich betreibe in meiner Freizeit den Segelsport und verfüge über den Führerschein C des Deutschen Segler-Verbandes. Eine Kopie des Scheins füge ich meinem Schreiben bei.

Am Tage des Unfalls segelte ich aushilfsweise an Bord der 13 Meter langen Yacht »Geierwally« meines Freundes (n. n.) in der Ostsee auf Höhe Fehmarn. Wir hatten soeben bei frischer Brise (Windstärke 4-5) einen Wegepunkt erreicht und befanden uns nun auf einem Kurs vor dem Wind. Als Segel waren gesetzt: das Groß- (Haupt-)-segel und ein Ballonsegel (»Spinnaker« von 0,50 Unzen Tuchgewicht).

Aufgrund des zunehmenden Windes entschied sich die Besatzung, alsbald auf ein Ballonsegel aus schwererem Tuch (0,75 Unzen) zu wechseln. Der Skipper bat mich, im Rahmen der Vorbereitungen für das Manöver, das Seil (»Fall«), mit dem das Ballonsegel am Mast befestigt war, kurz auf eine andere Befestigung (»Klampe«) zu verlagern. Da zwischen den beiden Befestigungen nur eine Distanz von wenigen Zentimetern besteht, band ich das Seil los und griff fest zu, um es der nebenliegenden Klampe zuzuführen.

Wenn Sie in Frage 11 des Unfallformulars nachlesen, werden Sie feststellen, dass mein damaliges Körpergewicht 81 Kilogramm betrug. Nachträgliche Berechnungen haben ergeben, dass der Zug des in der Mastspitze über eine Rolle laufenden Seils, an dem der Spinnaker der »Geierwally« befestigt war, bei Windstärke 4 etwa 350 Kilogramm beträgt.

Da ich sehr überrascht war, als ich plötzlich den Boden unter den Füßen verlor und aufwärts gezogen wurde, verlor ich meine Geistesgegenwart und vergaß das Seil loszulassen. Ich glaube, ich muss hier nicht sagen, dass ich mit größerer Geschwindigkeit am Mast hinauf gezogen wurde.

Etwa auf halber Masthöhe traf ich die erste Mastspreize (»Saling«) mit meinem Kopf und der Schulter. Dies erklärt die Gehirnerschütterung. Nur geringfügig abgebremst, setzte ich meinen Aufstieg fort bis zur zweiten Saling, wobei ich mir einen Riss des Schulterkapselgelenkes zufügte, und hielt nicht an, bevor die Finger meiner Hand mit den vorderen Fingergliedern in die Rolle am Maststopp gequetscht waren.

Glücklicherweise behielt ich meine Geistesgegenwart und hielt mich trotz der Schmerzen mit aller Kraft am Seil fest. Jedoch hatte der Spinnaker etwa zur gleichen Zeit die Wasseroberfläche erreicht und, da die Besatzung zugleich die Steuerseile (»Schoten«) löste, verlor das Ballonsegel seine Luft und brach zusammen.

Ohne Luft reduzierte sich das Gewicht des Ballonsegels auf etwa 25 Kilogramm. Ich beziehe mich an dieser Stelle wieder auf mein in Frage 11 angegebenes Körpergewicht von 81 Kilogramm.

Wie Sie sich vorstellen können, begann ich nun einen schnellen Abstieg. Etwa in mittlerer Masthöhe traf ich wieder auf die sich von unten nähernden Salinge. Daraus ergaben sich der gebrochene Knöchel des linken Fußes und die Abschürfungen an meinen Beinen und meinem Unterleib.

Der Zusammenstoß mit der unteren Saling verzögerte meinen Fall, sodass meine Verletzungen beim Aufprall an Deck geringer ausfielen, und so brach ich mir nur einen Wirbel an.

Ich bedauere, Ihnen mitteilen zu müssen, dass ich, als ich an Deck lag und das große Ballonsegel über mir flattern sah, die Geistesgegenwart noch einmal verlor und das Seil losließ, worauf das Ballonsegel ins Meer stürzte und sich so schnell mit Wasser füllte, dass die Yacht ihren Kurs verließ, abrupt abgebremst wurde und sich stark auf die dem Wind abgewandte Seite (»Lee«) überneigte. Dabei verlor ich das Gleichgewicht und stürzte nach links gegen einen der stählernen Pfähle, die den Fangzaun rund um das Oberdeck stützen. Hierbei schlug ich mir einen Schneidezahn aus.

Erlauben Sie mir noch hinzuzufügen, dass die medizinische Behandlung an Bord den Regeln der Ersten Hilfe gemäß sachgerecht verlief. An den weiteren Verlauf des Tages, den ich in der Koje verbrachte, habe ich keine detaillierte Erinnerung mehr.«

Hochachtungsvoll   Gustav Knurr

Vertilgen, die Dinger!

Dass der Möwenschiet an Deck nicht mehr mit dem nassen Dweidel über Bord gefegt werden darf, sondern als Sondermüll einer ökologisch einwandfreien Entsorgung bedarf, hatte Gustav Knurr in der YACHT gelesen. Die Notwendigkeit eines TÜV-geprüften Bootswaschplatzes, die Mülltrennung und das Verbot giftfreier Unterwasserfarben, ja, selbst den nachträglich einzubauenden Fäkalientank konnte Knurr – in Maßen – nachvollziehen. Ein paar Seepocken mehr am Unterwasserschiff, was soll's? Und pinkeln kann man ja notfalls über die Reling.

Aber die Sache mit dem Möwenschiet, die ging Knurr wider die Natur.

Frau Knurr hingegen, die sich als Lehrerin mit den Schwerpunktfächern Werken und Sozialkunde erzieherisch in einer Vorbildfunktion sieht, steht der ökologischen Bewegung offener gegenüber. Letzten Weihnachten beispielsweise hatte sie sich, auf Nachfragen ihres Gatten nach einem Geschenk für den Gabentisch, nichts als »Frieden auf der Welt« gewünscht. Das fand Herr Knurr gut, denn es kam ihn finanziell günstiger als etwa die Vervollständigung der nun schon recht umfangreichen Sammlung von Romanen der Schriftstellerin Rosamunde Pilcher, die seine Frau so liebte. Jedenfalls versprach Knurr feierlich, bezüglich des Friedens alles in seiner Macht Stehende zu tun.

Gustav und Traudel Knurr führten wirklich eine harmonische Ehe.

Leider, leider, bis zum Ansegeln (das diesmal auch wirklich sehr früh im Jahr lag) konnten weder der pazifistische noch der ökologische Themenkomplex zu Frau Knurrs Zufriedenheit gelöst werden. Irak, Zimbabwe, Palästina, Afghanistan und so. Dass sogar der Frieden an Bord der Segelyacht *Traudel IV* plötzlich nachhaltig gestört war, ist einem wirklich unbedacht-pampigen verbalen Angriff Knurrs zu verdanken.

Das kam so. Trotz der prekären Liegeplatzsituation war es Knurr gelungen, für die Sommermonate einen Platz in einem neu erschlossenen Areal eines bekannten Ostsee-Hafens zu ergattern. Ein günstiger Ausgangspunkt für den Sommertörn.

Die Routenplanung für die Saison 2002, einschließlich der Eingabe der Kurs-Wegepunkte hatte Knurr bereits abgeschlossen, als er in der Tageszeitung über folgende Schlagzeile stolperte: »Schnecken verhindern Ausbau des neuen Yachthafens.«

Liegeplatz perdu.

Knurr polterte sofort los. Können die Schnecken sich nicht verschleichen? Wir sollten es wie die Franzosen machen – fressen die Dinger!

Frau Knurr, in der sich die Lehrerin für Biologie und Heimatkunde regte (was sie jedoch nur vertretungsweise in den unteren Klassen unterrichtete), klärte ihren Mann auf. Es handele sich eben nicht um irgendeine Schnecke, sondern um die *Vertigo moulinsiana*, die Bauchige Windelschnecke, und die sei nun mal vom Aussterben bedroht. Was auf Herrn Knurr gar keinen Eindruck machte.

Die Franzosen essen Schnecken seit 1000 Jahren und wenn nicht länger! Dann müsse man sie eben züchten, grollte er. Außerdem wisse jeder Gartenbesitzer, dass Schnecken sich am Grünzeug vergehen und für jeden Schreber die reine Pest sind. Schließlich, wozu habe man wohl Schneckenkorn erfunden, das sei ja auch nicht verboten, wo heute doch alles verboten ist, selbst Möwenschiet ins Wasser zu fegen.

Frau Knurr belehrte ihn, das die *Vertigo moulinsiana* sehr selten, sehr klein und sehr schutzlos sei und mit dem Auge kaum auszumachen, weshalb sie sich zum Verzehr – igitt, allein der Gedanke – auch keineswegs eigne. Sie würde auch keine Gemüsegärten leer fressen. Außerdem könne man ihr doch nicht einfach das angestammte Heimatgewässer nehmen. Und überhaupt, hat der Mensch nicht schon zu viele Gewässer, Mitgeschöpfe und gar seine eigenen Lebensmittel verdorben oder ausgelöscht?

Herr Knurr wurde nun unsachlich. Eine Schnecke, die man nicht essen, ja, noch nicht einmal sehen könne, was für eine Existenzberechtigung die wohl hätte! Wobei ihm Frau Knurr entgegnete, dass jedes Tier auf der Erde mit einer göttlichen Existenzberechtigung geschaffen sei und Herr Knurr einwarf, ob sie damit wohl jede stinkige Kanalratte meine? Denn die Kanalratten, die

sommers wie winters um den Bootssteg schwammen, das wusste Knurr, fand seine Frau extrem eklig.

Sie sagte dann auch nichts mehr.

Obwohl Gustav Knurr nach zwei hastig hinuntergespülten Flaschen Bier seine Contenance schließlich wiederfand, blieb der klaffende Riss im Knurr'schen Eheleben so deutlich wie eine Schramme im Bootslack sichtbar.

Hinzu kommt: Frau Knurr konnte zuweilen ausgesprochen nachtragend sein. Zum Showdown in ökologischen Fragen kam es dann anlässlich der Aufstellung der Proviantliste für den Sommertörn. Schon beim Gedanken daran bildete sich in Herrn Knurrs Mundhöhle eine Pfütze, denn eine vernünftige Verpflegung ist ausschlaggebend für ein behagliches Leben an Bord.

Seine Frau jedoch, wegen ihrer besonderen logistischen Fähigkeiten grundsätzlich für alle Einkäufe zuständig, statuierte ein ökologisches Exempel und strich Knurrs Wunschliste bezüglich der Proviantierung gnadenlos zusammen.

Als Erstes flogen Knurrs geliebte Heringshappen Marke »Piratenfrühstück« aus dem Programm wg. möglichen Nematodenbefalls. Denselben Weg nahmen die Seite Räucherlachs, vakuumverpackt, wg. Antibiotikaverseuchung, die Tunfischdosen wg. der gemeinen Methode, mit dem Treibnetz zu fischen. Shrimps und Prawns aus Aquakulturen siehe Lachs und Krabben waren dieses Jahr ohnehin viel zu teuer. Und wo die wohl gepult worden waren?

Keine einzige Fleischkonserve kam an Bord: Leberwurst und Corned Beef wg. BSE, eingeschweißte leckere Lammkoteletts vom Türken wg. der blutrünstigen Schächtung vor dem Schlachten. Hähnchen raus, denn wer kennt nicht die menschenverachtenden Zustände in den Legebatterien. Selbst Nudeln blieben wg. der möglicherweise in den Teig gemischten angebrüteten Eier und Salmonellen im Regal liegen. So ging's die ganze Liste runter.

Herrn Knurr wurde aber erst so richtig blümerant zumute, als selbst Spirituosen einschließlich der eigentlich unverzichtbaren

Sechsämtertropfen, des Danziger Goldwassers und sogar des Küstennebels von der Liste verschwanden, wg. toxischer Wirkung des Alkohols. (Wenigstens gab es in der Bordapotheke einen guten Vorrat an Klosterfrau Melisssengeist für den Notfall.)

Bei Bier aber, gebraut nach dem deutschen Reinheitsgebot, mit milden fünfeinhalb Prozent Alkohol, reich an Hefe und Vitaminen, daher Grundnahrungsmittel an Bord der *Traudel IV*, bei Bier also, da fiel Frau Knurr beim besten Willen kein Grund ein, der ein Verbot rechtfertigen sollte. Bier kam an Bord, etwas mehr als sonst, denn in den Schapps war ja nun mehr Platz.

Der Sommertörn war gerettet und der Ehefrieden auch.

Ach so, was den Möwenschiet betraf, da blieb Gustav Knurr knallhart. Die aggressiven Kleckse, die fegte Knurr mehrfach ganz prominent vor den Augen seiner Frau über Bord.

Jetzt extra.

Von Halt und Hoffnung

Gustav Knurrs Liebe zur Segelei, ja, zur christlichen Seefahrt ganz allgemein, manifestierte sich schon in früher Jugend, spätestens aber nach der Lektüre des Schneider-Buches »Käpt'n Conny und der Seeteufel«. Das Maritime trägt Knurr seither nicht nur in der Seele mit, es ist ihm sogar in die Haut gebrannt. An einer intimen Stelle, die genaue Lage ist nur Frau Traudel Knurr bekannt, sind die drei Symbole des Seemanns eintätowiert: Kreuz, Herz und Anker, stellvertretend für Glaube, Liebe Hoffnung.

Insgesamt gesehen sind das wirklich schöne Symbole, findet Herr Knurr. Und die Tätowierung an der nicht näher bezeichneten Stelle erregte auch Frau Knurr. Früher einmal. Wegen der männlichen, ja geradezu piratenhaften Ausstrahlung, die von solchen Brandmustern ausgeht. Im Einzelnen aber war die Wertigkeit dieser Symbole im Laufe von Knurrs Leben etwas verblasst, ebenso wie das Welken der Haut im Alter die Tätowierungen hatte verblassen lassen.

Glaube, Liebe, Hoffnung. Ja, an was glaubte Knurr heute eigentlich noch?

Bei einigem Nachdenken fiel ihm leider nur ein, woran er nicht glaubte: nicht an eine korrekte Wettervorhersage für den nächsten Tag, nicht an einen freien Liegeplatz im Hafen von Tunö zur Ferienzeit, auch nicht daran, dass der Erzschurke Osama bin Laden jemals einer irdischen Bestrafung zugeführt werden würde.

Genauer besehen glaubte Knurr auch an die Liebe nicht mehr. Liebe war ihm nur ein Wort aus den Romanen von Rosamunde

Pilcher und was er für seine Gattin Traudel empfand. Mein Gott ja, nach all den Jahren war aus Liebe und Leidenschaft vielleicht so etwas wie Zuneigung, Vertrauen und Respekt geworden. Zumindest etwas sehr Haltbares. Aber Liebe? Jedenfalls nicht im Sinne der einst leidenschaftlich prall rund und rot gefärbten Herz-Tätowierung am Rande des Allerwertesten (ok, nun ist die Stelle doch raus), die sich jetzt nur noch schlaff-blässlich unter dem Gummiband seiner Schiesser-Unterhose dellte.

Und was das Symbol des Ankers betrifft: Hoffnung besaß Knurr noch immer. Bei jedem Kreuzschlag des Lebens hoffte er die nächste Untiefentonne auf direktem Kurs zu erreichen. Die Wirklichkeit sah oft anders aus. Schon bei der B-Schein-Prüfung hatte sich das Ausrechnen der Stromversetzung und der Abdrift als eine eklatante Schwäche Knurrs erwiesen. Im Leben war das nicht anders.

Was die praktische Seite des Hoffungssymbols Anker betraf, hatte eine Folge unglücklicher Erfahrungen Knurrs Vertrauen in den Grundhaken (und auch in sein Selbstwertgefühl) dauerhaft beschädigt.

Die Sache trug sich so zu: Bei der ersten Frühjahrstour war das Ehepaar Knurr bis in den oberen Schleifjord vorgedrungen. Das Ankermanöver in einer hübschen Schilfbucht nahe Missunde hatte Knurr persönlich eingeleitet. Auf seinen seemännisch korrekten Ruf »Fallen Anker!« löste Traudel Knurr den Sperrmechanismus auf dem Vorschiff ebenso seemännisch fachgerecht, und der verzinkte CQR rauschte klatschend in den Grund. Leider ohne Kette. Die lag noch hübsch aufgetürmt und leicht eingeölt im Kasten. Der CQR hingegen steckte unwiederbringlich im Mutt.

Knurr gehört nicht zu jener Sorte Segler, die ihre Frau bei einem missglückten Manöver gleich zur Schnecke machen, Gott bewahre! In seiner Eigenschaft als Skipper wies er sie daher nur etwas sehr förmlich auf den Umstand hin, dass man bei einem so wichtigen Manöver stets Umsicht walten lassen müsse. Eine Umsicht, die

ihm, dem verantwortlichen Skipper, im Laufe eines langen Seg-
lerlebens längst ins Blut übergegangen sei.

Wie es sich für ein gut ausgerüstetes Schiff gehört, gab es an
Bord der *Traudel IV* natürlich noch einen Danforth-Reserveanker,
der allerdings – wie das Reserverad beim Auto – ganz unten in der
Achterpiek verstaut war, tief unter Handwerkskisten, Reserve-
kanistern und Leckpfropfen.

Während Knurr in aller Ruhe die Achterpiek ausräumte, den
Danforth unter Hinterlassung einer Krümelstrecke von ange-
trocknetem Schlick auf das Vorschiff schaffte, ihn mit einem Wir-
belschäkel sachgemäß an der verzinkten Eisenkette befestigte und
schließlich den Schäkelbolzen mit einem Stück Draht sicherte,
ließ er seine Gattin am Ruder auf der Stelle hin und her dampfen,
was sich wegen des inzwischen kräftiger gewordenen Westwindes
und zunehmender Dunkelheit als recht mühsam erwies.

Aber als Skipper konnte man schließlich nicht jede Nachlässig-
keit eines Mannschaftsmitgliedes einfach so durchgehen lassen.
Sollte seine Frau ruhig schwitzen, ein bisschen Strafe mochte doch
lehrreich sein.

Mit seiner Arbeit beendet gab Knurr dem Reserveanker einen
Stoß. Dieser klatschte ins moorig-braune Wasser, die Kette rassel-
te hinterher, und nachdem der Wassertiefe entsprechend die drei-
fache Menge Kette gesteckt war, legte Knurr die Kettenbremse ein.
Er sicherte die Kette schließlich mit einer kurzen Leine, die er auf
einer Klampe belegte. *Traudel IV* schwojte noch ein paar Mal hin
und her und lag dann mit der Nase in der Abendbrise. Perfekter
geht's nicht.

Knurr fühlte sich deshalb gut und vergab seiner Frau großzügig,
dass sie mit der Zubereitung des wohlverdienten Abendessens
etwas hinter der Zeit lag.

Später in der Koje, es war draußen dunkel geworden und der
Wind hatte noch etwas zugenommen, lauschte Knurr wohlig den
am Rumpf plätschernden Wellen und schlief ein.

Beim Aufwachen, es war kurz nach Mitternacht und pechfinster, war das Glucksen der Wellen von einem eigenartigen Rascheln abgelöst worden. Knurr wusste sofort: Hier stimmte etwas nicht! In der Unterhose sprang er an Deck und blickte im Lichtkegel der Taschenlampe in die Glotzaugen einer schwarzbunten Kuh. Das Schiff war auf Drift gegangen und ins Uferschilf getrieben.

Nun ja, die Nacht gestaltete sich dann insgesamt gesehen noch recht geschäftig. Knurr zog die schlaffe Kette mit einem von Seegras umwickelten Anker an Deck. Mit Hilfe des Spinnakerbaums und der Motorkraft gelang es ihm, *Traudel IV* in tieferes Wasser zu bugsieren. Ein erneuter Ankerversuch war nur kurzfristig von Erfolg gekrönt. Bei der nächsten Bö schon schlurrte der Anker über den Seegrasboden, und Knurr musste erneut Kettenglied um Kettenglied aufholen. So ging es ankerauf und ankerab, und als die Flunken des Danforth das Seegras der halben Bucht durchkämmt hatten, gab Knurr schwitzend auf.

Der nächste Hafen lag nah, aber unerreichbar hinter Untiefen in der ägyptischen Finsternis der Schlei-Nacht. So blieb Knurr nichts anderes, als sich mit seinem Schlafsack an die Pinne zu verholen und bis zum Morgengrauen im einsetzenden Nieselregen Kreise zu fahren. Von wegen, der Anker als Symbol der Hoffnung!

Frau Knurr hatte ihrem Gatten noch eine Thermosflasche mit heißem Tee ins Cockpit gereicht und sich dann ohne schlechtes Gewissen zur Ruhe gelegt.

Ja, sie schien im Schlaf sogar zu lächeln.

Wummern im Kattegat

Musik rangierte bei Segler Gustav Knurr bislang unter dem Begriff »laute Geräusche«. Gedudel war für ihn am besten aufgehoben, wo es herkommt: in Opernhaus oder Disco. Jedenfalls dort, wo Herr Knurr nie hinging.

Gern lauschte Knurr dem Orgeln des Windes im Rigg seiner Yacht *Traudel IV*, wenn sie, mit vier dicken Perlonleinen vertäut und von acht Fendern abgepolstert, bei Nordwest 8 im Helgoländer Binnenhafen lag. »Kammerton A« stellte Knurr fest, wenn eine besonders schwere Bö im Mast harfte. Dann machte sich bei Herrn Knurr eine gemütliche Grundstimmung breit.

Frau Knurr, als Mitglied einer Liedertafel schon in der Jugend mit dem Kammerton A vertraut, war dann aber doch die Anschaffung einer tragbaren Musikanlage an Bord zu verdanken. »Ein *Ghetto-Blaster*«, knurrte Knurr verächtlich, als er das Ding zum ersten Mal sah. »Nein, ein *Sony*«, antwortete Frau Knurr spitz.

Jedenfalls war seither auch auf der *Traudel IV* gelegentlich gedämpfte Musik zu vernehmen, wenn auch nicht gerade der klassischen Art. Zeigte sich der Skipper gnädig, schob er seinen Lieblingsshanty »Rolling Home« in den Recorder, übrigens in einer Interpretation der Gotthilf-Fischer-Chöre. Manchmal hörte er »I am Sailing«, lieber noch »Wildgänse rauschen« – vorgetragen von Heino – und ganz besonders gern die Titelmusik aus dem Film »Titanic«, wo er am Schluss immer so einen emotionalen Kloß im Hals fühlte.

Im letzten Winter kam dann alles ganz anders. Das ist Frau Knurr zu verdanken.

Zunächst waren Traudel Knurrs Versuche, ihrem Mann die klassische Musik näher zu bringen, erfolglos geblieben. Vor ein paar Jahren reiste dann der ganze Segelverein zum »Cats«-Konzert nach Hamburg, wofür Herr Knurr sich aber mehr wegen der Lage des Operettenhauses an der Reeperbahn interessierte. Ein Konzert des von Frau Knurr geschätzten Geigen-Vortragskünstlers André Rieu war ihrem Mann hingegen nicht mehr erinnerlich; er hatte es auf seinem Sessel verschlafen.

Wie aber war Knurr der Schreck in die Glieder gefahren, als ihn seine Frau zu Weihnachten mit zwei Opernkarten überraschte. So etwas Gemeines! Eine Attacke auf seine sensiblen Gehörgänge! Aus reiner Verzweiflung zog sich Knurr noch unter dem Tannenbaum eine Flasche 99er Lübecker Rotspon mit wuchtigem Bouquet über den Knorpel. Rotspon! Der letzte Schritt vor Selbstmord.

Zum Selbstmord kam es dann aber nicht, denn bei näherer Betrachtung der Opernbilletts las Knurr erstaunt: »Der Fliegende Holländer« – von Richard Wagner. Da regte sich Neugier, denn für maritime Dramen war Gustav Knurr stets zu haben. Die Untergangsszene im »Titanic«-Film fand er zum Beispiel eindrucksvoll. Hatte er mit seiner Yacht *Traudel IV* nicht schon ähnlich schwierige Situationen auf See erlebt – und gemeistert? Und wer weiß, vielleicht ließe sich in der Aufführung sogar noch die eine oder andere Wissenslücke in Bezug auf die Takelung und Bedienung von Segelschiffen des frühen 17. Jahrhunderts schließen?

Wie stets zu feierlichen Anlässen wählte Herr Knurr am Opernabend zur grauen Flanellhose den doppelreihigen Blazer mit Goldknöpfen und die beiden Ehrennadeln mit dem Klubstander im Silberkranz, die ihn als echten Fahrensmann ausweisen. Knurr stürzte noch schnell ein Opernpremieren-Pils, und nach einer schmissigen Ouvertüre riss der Vorhang auf.

Heiderabatt! Knurr schnappte vor Staunen nach Luft. Ein weiter Blick übers Bühnenmeer. Finsteres Wetter. Täuschend echtes Sturmgebraus. Männer, die an Bord eines vor Anker liegenden Seglers arbeiten und aus dem Halse heraus schmettern: »Hojoje! Hojoje! Hallojo! Ho!« So recht war ihm der Sinn dieser Worte nicht klar, aber vermutlich handelte es sich um einen Shanty in frühem Mittelnorwegisch.

Sicheren Ankergrund schien das Schiff nicht zu haben. Sturm und Seegang rüttelten am Gebälk. Eine nahe Felsenküste dräute. Knurr kannte diesen Zustand nur zu genau. Wie mulmig war ihm damals in den schwedischen Schären vor Smögen, bei auflandigem Sturm vor beiden Ankern. Ringsum nur Wellen und Granit. Aber verdammt noch eins, was kennen die Leute in der Oper wohl von Seenot?

Es wurde noch gespenstischer auf der Bühne. Gustav Knurr sprang fast der Draht aus der Mütze, als er einen zweiten Segler die Bucht ansteuern sah – und leichtsinnigerweise ohne Positionslichter. Schwarze Masten und blutrote Segel wölbten sich über ihm. Die Ankerkette rasselt mit furchtbarem Krachen in den Grund, als ein schwarz gekleideter Gevatter das Deck betrat: der Holländer! Er sang, als hätte Knurr persönlich ihm die Worte in den Mund gelegt: »Das Heil, das auf dem Land ich suche, nie/werd ich es finden! – Euch, des Weltmeeres Fluten, bleib ich getreu, bis eure letzte Welle/sich bricht und euer letztes Nass versiegt!« Jawohl, dachte Knurr, wie recht der Mann hat. Das Land schuf der Herr in seinem Zorn!

Pause. Frau Knurr nippte an einem Piccolo. Das Gesicht ihres Mannes glühte. Solche hektischen roten Flecken im Gesicht, die kannte sie bei ihm nur vom Regattastart. Nächster Vorhang.

Knurr geriet in einen Rausch. Im Orchestergraben heulten die Geigen und dröhnten die Hörner, und auf der Bühne wüteten die Elemente und die Liebe der Kapitänstochter Senta fügte alles zum

Guten, als sie mit den Worten »Hier steh ich, treu dir bis zum Tod!« eben doch nicht stehen blieb, sondern sich ins Meer stürzte.

Der musikalische Vortrag hatte Knurrs Gemüt aufgewühlt wie ein Südwestwind Stärke 9 die Nordsee (bei ablaufend Wasser). So sollte das Opernerlebnis Folgen haben. Statt eines neuen Spinnakerbaums aus Kohlefaser kam zum Frühjahr eine Zwölf-Kanal-Dolby-Sensurround-Stereoanlage von Bang & Olufsen an Bord, mit sechs heizofengroßen Lautsprecherboxen für's Cockpit. Noch im gleichen Winter erhielt der Mast der *Traudel IV* eine mattglänzende Schwarzlackierung. Die Segelgarderobe wurde ergänzt durch eine Genua aus blutrotem Tuch. Blutrot wegen der Reißfestigkeit. Hatten nicht die Holländer gesungen: »Sause, Sturmwind, heute zu!/Unsren Segeln lässt du Ruh'/Satan hat sie uns gefeit,/reißen nicht in Ewigkeit.«

Im Sommer beschwerte sich Klubkamerad Heinz, er hätte das Gewummer aus den Boxen der *Traudel IV* über das halbe Kattegat gehört. Gewummer? Von wegen! Das war Richard Wagners »Walküre«. Aber von klassischer Musik hatte Heinz nun wirklich keine Ahnung.

Morgens Leiche

Für das Ehepaar Knurr ist Grömitz ein beliebter Anlaufhafen. Die geschmackvolle Bäderarchitektur und das vielseitige Restaurantangebot müssen den Vergleich mit renommierten Seebädern wie Cuxhaven-Duhnen oder Kühlungsborn nicht scheuen. In langen Reihen, wie Gardesoldaten auf dem Exerzierplatz, sind die Strandkörbe aufgestellt. Eine Wohltat für Herrn Knurrs Ordnungssinn. Dazu das fröhliche, aus allen deutschen Gauen zusammenströmende Urlaubsvolk, das auf der Strandpromenade hin und her wogt, wo es sich bei Toast Hawaii für 6,50 Euro und einem frisch gezapften Holsteiner Eiche-Bier – »abends Eiche, morgens Leiche« – leicht Anschluss finden lässt.

Da war zum Beispiel dieser nette Herr Schmulf. Hinterher meinte Frau Knurr zwar, der Mann sei ihr gleich unheimlich gewesen. Er hatte sich auf der überfüllten Terrasse des »Seestern« zu den Knurrs gesetzt und Madame Knurr Komplimente gemacht. Man kam ins Gespräch. Knurr erzählte von seiner Yacht und von seinen Hochseefahrten, bot Schmulf nach dem vierten Eiche das »Du« an und übernahm nach dem siebten oder achten Halben großzügig die Rechnung. Frau Knurr war schon früher an Bord gegangen.

Bei Tagesanbruch trieb Knurr die volle Blase aus der Koje und er staunte nicht schlecht, als er auf der Ducht im Cockpit der *Traudel IV* einen fremden Mann schlafend fand: Herrn Schmulf.

Da Knurr zu dieser frühen Restalkoholstunde noch nicht klar denken konnte, zog es ihn schnell zurück in die Koje. Wie üblich war es Frau Knurr, die am Morgen als Erste aufstand, eine Kanne

Jacobs Krönung aufbrühte und ihren Mann mit einem spitzen Schrei weckte. Schmulf, vom Duft des Kaffees geweckt, saß im Niedergang und bat um eine Tasse. Frau Knurr meinte später, er hätte »barsch einen Kaffee verlangt«.

Traudel IV füllte sich mit Leben, aber dies entsprach so gar nicht der üblichen Bordroutine. Zähneputzen fiel aus. Als Knurr sich anbot, eine Tüte frischer Grömitzer Brötchen zu besorgen, meinte Schmulf, das sei nicht nötig, er würde auch mit Schwarzbrot auskommen. Er zeigte auch keine Anstalten, den Weg durch den Niedergang frei zu machen. Frau Knurr fühlte sich unwohl. Herr Knurr versuchte die Situation durch einen frauenfeindlichen Witz etwas zu entspannen. Aber Schmulf lachte nicht.

Nach dem einsilbig verlaufenen Frühstück kam Herr Schmulf ungefragt in die Kombüse geklettert und erklärte, er würde jetzt beim Abwasch helfen, Herr Knurr könne inzwischen schon mal ablegen. Dabei griff der Gast nach dem großen spitzen Brotmesser und es war nicht genau zu ersehen, ob er es der Spüle zuführen wollte oder als Drohung in der Hand hielt.

Jetzt wurde Knurr mulmig zumute. Dieser fremde Mann mit dem Messer in der Hand unter Deck, Seite an Seite mit seiner Frau, er selbst unbewaffnet. Was blieb ihm anderes übrig als seinen Anordnungen Folge zu leisten? Schließlich galt es zu allererst Leib und Leben seiner Frau zu schützen.

Traudel IV tuckerte aus dem Hafen. Aus der Kombüse war das Klirren von Messern zu hören. Wie ein Blitz durchfuhr es Knurr: Schmulf musste ein Pirat sein! Ein Spitzbube, der sich an harmlose Fahrtensegler heranmacht, sie überfällt, bestiehlt und Frauen vergewaltigt. Knurrs Kinnladen klapperte. Der Mordfall von Sir Peter Blake war ihm gut in Erinnerung. Aber das war am Amazonas gewesen – nicht in der Lübecker Bucht!

Knurr zwang sich zur Ruhe. Irgendwo hatte er kürzlich gelesen, es sei gerade bei Entführungen wichtig, den Stress des Geiselnehmers abzubauen. Knurr rief jovial: »Na, mein Lieber, wo soll's denn

hingehen?« Schmulf kletterte an Deck, sah sich um und antwortete mit tödlicher Präzision: »Am liebsten wäre mir eine einsame Bucht, wo wir ungestört sind. Drüben hinter der Halbinsel Pöhl soll es so was ja noch geben.«

Knurr gefror das Blut in den Adern. Der kannte sich ja wirklich aus! Hinter Pöhl, da lässt sich ungestört räubern und morden. Da findet *Traudel IV* kein Mensch! »Ach, Traudel«, flötete Knurr und umklammerte mit seinen zitternden Händen das Ruder, »mach doch unserem neuen Freund mal ein Bier auf. Ist ja schon fast Mittag.« Schmulf nahm das Angebot an, setzte sich aber strategisch so geschickt zwischen Ruderstand und Niedergang, dass das Ehepaar Knurr zu keiner Zeit Kontakt aufnehmen konnte. Nicht mal die Seenotboje ließ sich erreichen, geschweige denn heimlich ein Notruf über Kanal 16 absetzen.

Frau Knurr war grau im Gesicht. Auch Herr Knurr wurde fahler mit jeder Seemeile, der sich sein Schiff Pöhl näherte. Schmulf hingegen zeigte eine blendende Laune, warum auch nicht? Offenbar lief alles nach Plan. Der unheimliche Gast ließ sich nun die Seekarte reichen und Knurr musste ihm die Buchten erklären und Wassertiefen angeben. Schmulfs Finger blieb auf einem Punkt hängen, den Knurr stillschweigend als Zielpunkt, ja als Endpunkt seiner Lebensreise sah. Da, auf dreieinhalb Metern Wassertiefe, an einem schönen Sommertag um die Mittagszeit, würde es geschehen. Und nur die Sonne war Zeuge!

Gerade als Traudel Knurr den Anker über Bord schubste und Knurr sich überlegte, ob er einen Tod unter dem Messer dem des Ersäufens vorziehen würde, passierte in nicht allzu großer Ferne ein Motorboot den Liegeplatz der *Traudel IV*. Hinter Schmulfs Rücken ruderte Knurr verzweifelt mit den Armen. Freundlich winkte man von drüben zurück.

Für den Augenblick verschärfte sich die Lage nicht weiter. Aber Knurr fiel auf, dass Schmulf trotz der Hitze noch immer seine Jacke trug. Und beulte es sich unter seinem Arm nicht verdächtig aus? Knurr stand der Schweiß in den Romika-Regenschuhen. Seine Frau arbeitete mechanisch am Mittagessen. Die Motoryacht ankerte in Sichtweite. Schmulf döste im Cockpit. Keine Frage, er wartete auf seine Chance. Zäh kroch die Zeit dahin.

Es war gegen 17 Uhr, als Schmulf meinte, es sei Zeit nach Grömitz zurückzukehren. Den Motor an, den Anker aus dem Grund reißen war eins. Mit dem Gashebel am Anschlag brummte die *Traudel* IV Kurs Grömitz, und hätte Traudel Knurr nicht schutzlos unter Deck gesessen, Knurr wäre in der Hafeneinfahrt über Bord gesprungen. Es gelang ihm, sein Boot festzumachen, und eben wollte er Schmulf von hinten den Pekhaken in den Leib stoßen, als dieser sich umdrehte, ihm die Hand drückte und sich bedankte für die spontan am späten Abend ausgesprochene Einladung an Bord. Dann reichte er Knurr seine Visitenkarte, bat ihn, doch einmal hereinzuschauen wenn er in der Nähe sei – und verschwand auf der Seepromenade. »Konrad Schmulf«, las Knurr auf dem Papier, »Kriminalkommissar, Bielefeld«.

»Abends Eiche, morgens Leiche«, dachte Knurr noch.

»War doch ein Pirat«, sagte Frau Knurr und genehmigte sich einen Schnaps, was sie sonst nie tat.

Eine Sache des Geschmacks

Für Gustav Knurr, ja für den Segler schlechthin, steht der Genuss von Nahrungsmitteln in fester wie flüssiger Form in etwa gleichrangig neben der Freude am Segelsport. Genau genommen sind diese unterschiedlichen Bereiche der Glückserfüllung gar nicht zu trennen – sie bedingen einander geradezu.

Aus diesem Grund steht das Königreich Dänemark an der Spitze, wenn es um Törnziele geht, und das will etwas bedeuten, denn wer verlässt schon gern ein Schlaraffenland wie Grömitz mit seiner international berühmten Küche und den doppelten Portionen zum halben Preis?

Dänemark also. Schon die Farben der Nationalflagge schmeicheln Knurrs Geschmacksknospen. Hat Deutschland allenfalls Schwarz-Rot-Senf zu bieten, erinnert der rot-weiße Danebrog ihn an rote Würstchen mit Mayonnaisestreifen, an rot gekochte Flusskrebsschalen mit nussig-zartem Fleisch, an fein gemaserten Frühstücksspeck, an rote Grütze mit Milch. Die dänische Nationale leuchtet wie eine Tischdecke im Fressparadies.

Allein die Gaumenfreuden sind einen Besuch in Dänemark wert. Aber dann noch das: Belte und Sund, das ist eine Parklandschaft mit Seecharakter, märchenhafte Städte auf verwunschenen Inseln, veträumte Ankerbuchten, freundliche Marinas. Kein nächtliches Wachegehen quält den Seemann; guter Ankergrund, freundliche Menschen.

Wer das Glück besitzt, in bevorzugter Randlage zu diesem Wunderland zu wohnen, wer allsommerlich mit geringem Aufwand die dänische Küste anzusteuern weiß, wer jeden Hafenplatz kennt, was – bei Gott – wegen der Fülle unmöglich erscheint, wer mithin jenes Alter erreicht hat, in dem die allgemeinen Körperfunktionen schon ein wenig nachlassen, allein der gute Geschmack zunimmt, wer also solchermaßen privilegiert ist, für den ist Dänemark ein Naturereignis.

Allerdings: Naturereignisse sind selten Kulturereignisse. Die Kultur ist nämlich nur eine dünne Tünche auf unserer Natur. Das kannte Knurr schon aus dem Verein. Wenn etwa die Frau von seinem Freund Heinz einmal im Jahr zur Vernissage ihrer selbst gemalten Blumenbilder und Stillleben ins Klubhaus lud, dann hatten die meisten Kameraden nur das Buffet und den Zapfhahn im Auge. Meist wurde es dann ein gemütlicher, wenn auch etwas kulturarmer Abend. Es ist eben so, dass das Streben des Menschen nach Kultur gelegentlich von der Natur durchbrochen wird. Wenn Knurr bei einem harten Nordwest sechs Stunden aufkreuzen musste, dann hatte er anschließend keinen feinen Appetit, sondern einen ganz ordinären Bärenhunger.

Da der Däne im und am Wasser lebt und der Wind auf der Ostsee grundsätzlich gegenan weht, sind die Bewohner dieses Landes von Natur aus mit einem Bärenhunger und einem phänomenalen Durst ausgestattet. Weil aber an der Küste nicht viel wächst und die direkten Flugverbindungen zum Großmarkt von Paris erst seit einigen Jahren bestehen, lebte der Däne zweitausend Jahre lang von Haferschleim, Dorsch und Met. Eine öffentliche Gastlichkeit existierte nicht. So musste sich der deutsche Wochenenderoberer an Wurstbuden laben. Schon Henry Rasmussen, aus dem Dänischen gebürtiger Bootsbaumeister in Bremen, verzeichnete in seinem Logbuch: »Es war Sonntag, an dem man bekanntlich in Dänemark gar nichts bekommt. Natürlich auch nichts zu essen.«

Erst mit der Einführung der Muppet-Show im deutschen Fernsehen gelangten eine dänische Speise und der dazu gehörige Koch zu Ruhm: *smørrebrød*. Übersetzt heißt das „Butterbrot". In der

Regel versteht man darunter mit sauren Heringshappen belegte Semmeln, ein Meilenstein in der nordischen Ernährungsgeschichte.

Der wirkliche Siegeszug der dänischen Küche begann allerdings erst mit der Entdeckung des *anretning*, also dem »Angerichteten«. Dabei handelt es sich nicht um ein einzelnes Gericht, sondern um eine im *kro* nur auf vorherige Bestellung erhältliche Speisenfolge von hohem Sättigungsgrad, die sich von der Mittagszeit bis in den späten Abend hinzieht und alle Ingredienzen der dänischen Küche beinhaltet: Dorsch, Hering, Dorsch, Hering, Butt, Dorsch, Hering, Aal, Schweinespeck. Der Däne wiederum bevorzugt ein so genanntes *luksus anretning*, das sich von der einfachen Version insoweit unterscheidet, als es durch Musik von der Hammond-Orgel untermalt ist. Ein *anretning* ist nur mithilfe von pro Kopf einem Liter Aquavit, dem Kettenrauchen schwarzer Zigarillos und dem mehrfachen Absingen der dänischen Nationalhymne zu bewältigen.

Knurr, der sich mit den Gepflogenheiten der dänischen Küche anfangs nicht auskannte, stopfte sich an den ersten beiden Gängen des *anretning* satt, glotzte bei Speisenfolge 8 nur noch gequält über den Tisch und retirierte nach Folge 12 diskret in die gekachelten Räume des Souterrain.

Wenn das *anretning* die Mutter aller dänischen Gerichte ist, dann ist der *hot dog* ihr Prophet. Knurr sucht stets nach dem vierfachen Vertäuen seiner Yacht in dänischen Häfen die so genannte *pølser*-Bude auf, einen Wurst-Stand, um auf der Stelle drei bis vier *hot dogs* zu verschlingen. Das sind knallrot gefärbte Würtschen in einer Weißbrot-Tasche, die mit den Sättigungsbeilagen Senf, Ketchup, Remoulade, gehackte Zwiebeln, geröstete Zwiebeln und süß-saure Gurkenscheiben belegt werden. Mit Hilfe des *hot dog* vernichtet der Däne einen wesentlichen Teil seiner Agrarüberschüsse und hat aus diesem Grund auch kein Interesse an einer Mitgliedschaft in der EU.

Größere Mengen von *luksus øl* – Bier – und der in seinem Geschmack an eine Jod-Spülung erinnernde *Gammel Dansk*-Bitterlikör desinfizieren die Verdauungsorgane und helfen die abschließende Rechnung zu vergessen.

Das Frühstück in Dänemark beginnt für Knurr grundsätzlich mit Kopfschmerzen, und das liegt nicht, wie er seiner Ehefrau Traudel zu verklaren versucht, an »zu viel frischer Luft«. Traudel Knurr weiß die Kopfschmerzen mit einem kräftigem Kaffee und frischem, unglaublich zartem *wienerbrød*, also feinsten Blätterteigstücken mit Pudding an Marzipan und Schokolade, zu vertreiben. Die krümelnde Vulgärform dieses Hauchs von einem Backwerk nennt der Deutsche *Kopenhagener*, der Amerikaner *danish* – und das ist das Einzige, was er von Dänemark kennt.

Gegen Mittag, Knurr ist schon wieder kräftig am Aufkreuzen, serviert Frau Knurr als Vorspeise *apetitsild*, marinierte Heringshappen in Curry-, Dill- oder süßsaurer Tunke gegen den restlichen Kater und danach das Nationalgericht *svinekam*, gebratenen Schweinekamm mit einer hauchfeinen krossen Fettglasur, scheibenweise auf Brot, kalt gereicht – in dieser Form nur in einer *slagteri* des Erzeugerlandes erhältlich. Das schmeckt wie Wind von achtern.

Dänemark-Kenner werden einwenden, Herr Knurr möge doch zur Abrundung seiner kulinarischen Dänemark-Tour gelegentlich im Falsled Kro vorbeisehen oder im Kong Hans, die mit einem Michelin-Stern ausgezeichnet sind. Aber da kennen Sie Herrn Knurr nicht. Französische Küche! In Dänemark! Nur kleine Portionen! Wo kommen wir denn da hin? Wenn Gustav Knurr in seinem Lieblingsland zu Besuch ist, dann will er auf dessen Weise maßvoll genießen, getreu dem Motto: »Der Däne isst nie mehr, als mit aller Gewalt reingeht.«

Richtig in-West-iert?

Die Saison neigte sich schon ihrem Ende zu, und für den Segler Gustav Knurr stand nur noch die Überführung seiner Yacht *Traudel IV* ins Winterlager bevor, eine Reise, die ihn und seine Frau allerdings noch ein hübsches Stück über die Ostsee führen sollte.

Einige Tage vor der Abreise war Knurr mit der Lektüre seines Lieblingsfachblattes YACHT beschäftigt, zu deren wissbegierigen Abonnenten er gehörte. Nicht nur hatte er seine neue Taschenlampe und seine rutschfesten Seestiefel nach Empfehlungen der YACHT-Test-Crew erworben, auch die nützlichen Hinweise für den nachträglichen Einbau eines Fäkalientanks waren bei Knurr auf fruchtbaren Boden, genauer auf die entsprechenden Bodenwrangen gefallen. Frau Knurr neigte mehr zur Lektüre von »Frau im Spiegel« und »Gala«, fand ihrerseits aber den Einsatz der YACHT-Redaktion für die Emanzipation der Frau im Segelsport sehr löblich, auch entsprechende Hinweise zur Bekämpfung der Seekrankheit.

Während Frau Knurr eben den Abwasch vom Abendessen erledigte, saß Herr Knurr still bei seiner YACHT-Lektüre im Wohnzimmer. Plötzlich schlug er mit der Faust auf den Eichentisch, dass die Teetasse hüpfte. »Verdammt noch mal!«, polterte er, »lernen die Leute das denn nie? Hör dir das an!«, rief er seiner Frau Traudel in der Küche zu. »Segler bei Regatta über Bord gestürzt. Konnte erst im letzten Moment vor dem Ertrinken gerettet werden. Und weißt du warum? Der Mann trug natürlich keine Schwimmweste!

Ist doch unverantwortlich. Oder schnalle ich mich beim Autofahren etwa nicht an?«

Traudel Knurr sagte gar nichts, und sie wusste wohl, warum.

Ein paar Tage später schien die Sache vergessen. Bei ruhigem Herbstwetter war die *Traudel IV* mit ihrer zweiköpfigen Besatzung ausgelaufen. Es wehte ein fast warm zu nennender Westwind Stärke 2 bis 3 und Knurr wollte eben nach einer Buddel Morgenbier greifen und es sich im Cockpit richtig gemütlich machen, als der Wind noch einen kleinen Seufzer tat und sich dann verabschiedete. Fünf Minuten später war die *Traudel IV* in einer dichten, watteartigen Nebelbank verschwunden.

Knurr ließ seine Yacht für einen Augenblick einfach so in der Flaute treiben, um mithilfe des GPS erst mal einen Ort zu finden und einen Kurs abzusetzen, denn in diesem Teil der Ostsee war ein erheblicher Schiffsverkehr zu verzeichnen. Das entfernte Wummern schwerer Schiffsmaschinen drang durch den Nebel in Knurrs Gehörgänge, und zwar gleich von mehreren Seiten.

Sofort machte sich der Skipper an der Backskiste zu schaffen, um den faltbaren Radarreflektor einer nützlichen Verwendung zuzuführen. Der Reflektor aber war – wie Frau Knurr meinte, auf seinen Wunsch hin – zusammen mit mehreren Kartons voll Ausrüstung schon dem Winterlager auf dem Dachboden des Knurr'schen Eigenheims zugeführt worden. Da Knurr zu improvisieren wusste, begann er in der Kombüse zu wildern und eine Bratpfanne (leider teflonbeschichtet), den Wasserkessel sowie den größten Suppentopf mit Bändselgut zu versehen und zur Verstärkung des Radarechos unter die Saling vorzuheißen.

Das Wummern der Schiffsmaschinen war inzwischen deutlich näher gekommen.

Knurr widmete sich noch einmal der Backskiste und fand nun wenigstens das Nebelhorn, besser gesagt die Nebeltröte. Seine ersten Blasversuche führten aber nur zu einem Luftstau, eine Folge der fortgeschrittenen Korrosion des Messinginstrumentes.

Erst nach dem vierten Versuch – Knurr sprangen vor lauter Pusten fast die Augen aus dem Gesicht – ließ sich dem Instrument ein quälend-hochfrequenter Ton entlocken, der entfernt an das Fiepen eines »Lufttrüssel« genannten Silvesterscherzartikels erinnerte.

Aus dem Wummern der Schiffsmaschinen war nun ein Hämmern geworden. Da näherte sich ein ganz dicker Eimer, so viel war Knurr klar.

In diesem Augenblick höchster Anspannung gab der Skipper vorsichtshalber den Befehl »Schwimmwesten anlegen!« Noch einmal griff Knurr in die Backskiste. Aber verdammt, wo waren die Schwimmwesten? Knurr stürzte unter Deck und riss sämtliche Schapps und Schränke auf, ohne etwas zu finden. Frau Knurr verfolgte die hektischen Aktivitäten ihres Mannes und sagte dann spitz: »Wenn du die Schwimmwesten suchst, die liegen im Vorschiff unter den Kojenpolstern. Da liegen sie immer.«

Tatsächlich. Da lagen die beiden Feststoffwesten. Leuchtend rot und ganz neu strahlten sie aus der Original-Folienverpackung. Knurr trennte die Folie auf und schlüpfte mit den Armen durch die Öffnungen. Unten hingen so Bänder runter und an der Seite ein Kunststoffgurt mit verstellbarem Schnappverschluss. Also zog Knurr sich die Weste wieder vom Leib, schlüpfte durch die Beinschlaufen, verstellte den Gurt auf äußerste Länge und versuchte es noch einmal.

Das Ergebnis war niederschmetternd. Die Beingurte schnürten in sein Gemächte, die Seitensegmente der Weste klemmten unter seinen Achseln und vorn ließ sich der Gurt nicht schließen. Und was das Schlimmste war, Knurr erinnerte in Umfang und Haltung an Quasimodo, den Glöckner von Notre Dame. In dieser Verkleidung war ein Passieren des Niederganges unmöglich geworden.

Knurr riss sich die Schwimmweste vom Leib und stürzte ins Cockpit. Das Hämmern und Wummern des im Nebel versteckten Schiffes wurde nun von einem Rauschen übertönt, dem kurz darauf ein unangenehmer Wellenschlag folgte. »Gerade noch mal gut gegangen«, sagte Knurr mehr zu sich selbst, als das Geisterschiff davonzog. Obwohl der halbe Knurr'sche Hausstand im Mast hing, war die Wirkung bezüglich des Radars offenbar minimal gewesen.

Dann kam Frau Knurr an Deck. In der Hand hielt sie den Beipackzettel des Rettungsgerätes und las vor: »Feststoffweste nach Euronorm I, Tragfähigkeit bis 40 Kilogramm, geeignet für Kinder von 8 bis 12 Jahren.« Also, darauf hatte Knurr gar nicht geachtet, als er die Rettungswesten vor drei Jahren auf der Hamburger Bootsausstellung als Restposten günstig erworben hatte. Der Verkäufer hatte ihn auch gar nicht darauf hingewiesen, dass es sich um Kinderwesten handelte, was Knurr in gewisser Weise für unverantwortlich hielt.

Auf der Yacht *Traudel* IV lief nun der Motor und sie war daher bald aus der Nebelbank getuckert. Erst jetzt, mit einer gewissen Schreckverzögerung, begannen Knurrs Beine zu schlottern und es bedurfte fast des gesamten Inhalts eines Beck's-Sechserpacks, bis er wieder klar denken konnte. So viel war klar: Auf der nächsten Bootsausstellung würde er einen neuen Satz Schwimmwesten kaufen, und zwar solche wie die im Flugzeug, die tragefreundlich sind, sich im Notfall automatisch aufblasen und über eine Flöte verfügen.

Eine Stunde später fühlte sich Knurr schon wieder richtig gut. Übrigens, was das Biertrinken betraf, hatte er kein schlechtes Gewissen, im Gegenteil: Jeder Schluck trug ja zum Aufbau seiner natürlichen Rettungsringe bei, die sich in drei Fettrollen um Bauch und Hüften wellten. Die Sicherheit stand nämlich an Bord seiner Yacht immer an erster Stelle!

Hipp, hipp, hurra!

In Gustav Knurrs Verein fällt die Jahreshauptversammlung stets in den Spätherbst. Knurr sieht dem Termin mit gemischten Gefühlen entgegen.

Gut findet Knurr, dass er aus diesem hohen Anlass seinen eingemotteten Blazer mal wieder ordentlich mit silbernen und bronzenen Ehrennadeln behängen kann. Schlecht findet Knurr, dass der gerade erst im letzten Jahr ausgelassene blaue Rock um die Hüften herum schon wieder verdammt spannt.

Gut findet Knurr, dass er endlich mal wieder im Kreise alter Freunde sitzen und die Abenteuer der letzten Saison zum Besten geben kann – und zwar bei 1a-kühlem, frisch gezapftem Flensburger. Schlecht findet Herr Knurr, dass er eine Runde nach der anderen schmeißen muss, was sich schon mal auf eine Summe in Höhe des doppelten Vereins-Jahresbeitrages addieren kann.

Schlecht findet Knurr darüber hinaus, dass der Vorschlag des Vorstandes, die Beiträge zu erhöhen, von den Mitgliedern zwar mit Murren, aber schließlich doch akzeptiert wird. Gut findet Herr Knurr wiederum, dass er zu diesem Zeitpunkt regelmäßig schon so knülle ist, dass ihm auch eine Beitragserhöhung nichts mehr ausmacht.

Halten sich Für und Wider also insgesamt die Waage, so gibt es schließlich doch einen wichtigen Grund, sich zugunsten einer Teilnahme zu entschließen: Denn könnte es nicht sein, dass Knurr überraschenderweise einer besonderen Ehrung teilhaftig wird? Als gestandener Langfahrtsegler ist Gustav Knurr stets ein Vorbild für die Jugendabteilung, und mehrfach hatte er an langen Winterabenden im Vereinsheim uneigennützig Knotenunterricht gegeben. Wäre das nicht eine Auszeichnung wert? Einen Ehrenteller vielleicht, oder auch nur eine Erwähnung coram publico? Was die Goldene Nadel für Verdienste um den Verein betrifft, also da muss Knurr geduldig sein. Denn zur 50jährigen Mitgliedschaft fehlen noch ein paar Jährchen.

Gelegentlich liebäugelt Gustav Knurr sogar mit dem Posten des Vereins-Kommodore. Aber der Weg dorthin führt entweder über eine olympische Goldmedaille – in seinem Alter ist da nichts mehr zu machen – , über die Verpflichtung eines Großsponsors für die Jugendarbeit oder über eine langjährige Tätigkeit als Vereinsvorsitzender, natürlich in Verbindung mit weißen Haaren und einem gesegneten Alter.

All diese Sachen schwirrten Knurr im Kopf herum, als seine Frau Traudel ihn am Abend im familieneigenen, erst kürzlich erworbenen magentaroten Ford Mondeo vor dem Klubheim absetzte und zwar weit vor der Zeit, denn in ihrem Lieblingssender RTL 2 gab es einen Film mit Richard Gere, den Traudel Knurr nun keinesfalls versäumen wollte.

Als Knurr das Klubheim betrat, standen bereits einige vorgezapfte Biere bereit, von denen er sofort zwei zum Ablöschen seiner in der trockenen Luft brennenden Rachenmandeln verwendete. Danach ging's besser. Bald waren alle Kameraden in der Vereinsökonomie versammelt.

Pünktlich um 20 Uhr läutete der Vorsitzende Heinz mit der Glasenglocke aus Messing (einem Geschenk des Deutschen Segler-Verbandes zum 50. Vereinsjubiläum) den Abend ein. Die Herren nahmen Platz. Nach alter Sitte eröffnete Heinz die Jahreshauptversammlung mit einem dreifachen kräftigen »Hipp, hipp, hurra!«. Dann kam die Versammlung wieder auf die Beine, um der im Verlauf des letzten Vereinsjahres verblichenen Mitglieder zu gedenken, darunter des ehrenwerten Kommodore Otto Brausewind, der übrigens noch im Alter von 106 Jahren einen viel beachteten 41. Platz bei der alljährlichen klubinternen Opti-Regatta belegt hatte. Gustav fand, dass es angemessen sei, dem alten Herrn für seine Verdienste, besonders um die Jugendabteilung, ein dreifaches kräftiges »Hipp, hipp, hurra!« mit auf den letzten Weg zu geben. Das fanden seine Kameraden auch.

Dann begann die offizielle Tagesordnung, auf der diesmal nur drei Themen zu behandeln waren: 1. Erhöhung des Jahresbeitrages; 2. Wahl eines neuen Festausschussmitgliedes im Vorstand (die Stelle war im Verlauf des Jahres vakant geworden, weil das bisherige Vorstandsmitglied an einem ernsthaften Leberschaden laborierte); 3. Bestätigung des vom Ältestenrat vorgeschlagenen neuen Kommodore.

Auf Antrag wurde der Tagesordnungspunkt 3 vorgezogen, weil sich der Ältestenrat in seinem einstimmigen Beschluss auf das langjährige Vereinsmitglied Ewald Senkblei verständigt hatte. Senkblei aber, kurz vor Erreichung des 98. Lebensjahres stehend, musste gegen 21 Uhr zu Bett. (Knurr kannte den neuen Kommodore noch aus seiner Zeit als Mitglied der Klassenvereinigung der 38er Nationalen Kreuzer, hatte ihn allerdings schon längere Zeit für tot gehalten.)

Der Vorschlag des Ältestenrates wurde mit einer Enthaltung angenommen. Die Stimmenthaltung ging auf Knurrs Konto. Aber wie sollte er den Arm heben, wenn er gerade in beiden Händen Biergläser für die neunte Reihe anschleppte? Dafür war sein Gaumensegel gut geschmiert, als die Gemeinschaft ihrem neuen Kommodore ein dreifaches kräftiges »Hipp, hipp, hurra!« entgegenschmetterte.

Bei Tagesordnungspunkt 1 ging es wie immer hoch her. Knurr war, wie die meisten Kameraden, strikt gegen eine Erhöhung des Mitgliedsbeitrages und erhielt viel Applaus, als er aus der Deckung der neunten Reihe heraus ein vernehmliches: »Wir sind doch hier keine Millionäre wie im Golfclub!« in den Raum warf. Der Erste Vorsitzende jedoch, der den nicht öffentlichen, so genannten »zweiten« Vereinsetat (wg. Repräsentationsaufwendungen) bereits bis ins Jahr 2012 überzogen wusste, antwortete mit einer gut vorbereiteten, glänzend formulierten Gegenrede, in der er Knurr einerseits beipflichtete, ja, aus eigener grundlegender Überzeugung die bestehenden Zahlen selbst gern beibehalten würde, aber doch bitte mit einer 1:1-Umstellung von DM auf Euro.

Viele Kameraden fanden das sinnvoll. Sie kannten diese Umstellung ja schon aus dem täglichen Geschäftsleben. Aber der Vorsitzende hatte nicht mit Knurr gerechnet, der nun erregt und mit hochrotem Kopf seine eigene Rechnung aufmachte, während aus seinem Mund auf Haupthaar und Schultern der in der achten und siebten Reihe sitzenden Kameraden ein feiner Nebel aus Speichel- und Biertröpfchen niederrieselte.

Nach Knurrs scharf vorgetragener Einlassung schlug die Stimmung im Saal noch einmal um. Aber Heinz hatte sich nicht umsonst in zweiter Amtsperiode als Erster Vorsitzender durchgesetzt. Er konterte kühl mit den Worten: »Etwaige Überschüsse werden der Jugendarbeit zugeführt.« Welches Argument konnte dagegen bestehen? Knurr sackte, wie von einer Axt gefällt, auf seinen Stuhl und stieg von Bier auf doppelte Aquavit um.

Das hätte er lieber nicht tun sollen, denn es stand ja noch der Tagesordnungspunkt 2 an, die Wahl des Vorstandsmitgliedes mit dem Aufgabenbereich »Festlichkeiten«.

Als Knurr (der zwar Shantychöre und Schifferklaviere liebte, aber nicht mal tanzen konnte und darum Bälle hasste, insbesondere solche mit Beteiligung von Damen) sich kurzfristig in die gekachelten Räume zurückgezogen hatte, schlug Heinz eben diesen Gustav Knurr für den wichtigen Vorstandsposten »Festwart« vor und begründete dies mit warmen Worten.

Als Knurr in den Saal zurückkehrte, zeigten gerade die Arme aller Vereinsmitglieder in die Höhe. Knurr war damit einstimmig gewählt, bei eigener Enthaltung, denn er hielt gerade zwei Tabletts mit Aquavitgläsern in den Händen.

Erst wollte Knurr noch Protest anmelden, aber ein zustimmendes, diesmal donnerndes dreifaches »Hipp, hipp, hurra!« unterband jegliche Auflehnung. Das neue Vorstandsmitglied musste an diesem Abend noch viele Runden schmeißen, und zwar in vielfacher Höhe des Jahresbeitrages (in Euro). Aber irgendwie sah er seine Wahl als ersten Schritt in Richtung Kommodore. Und das war die Sache wohl wert.